お茶の水女子大学こども園の
春・夏・秋・冬

子どもも大人もワクワクする保育の提案

監修／宮里暁美
レポート／文京区立お茶の水女子大学こども園職員

小学館

はじめに

子どもと保育者が織り成す物語

文／宮里暁美

　保育雑誌『新 幼児と保育』と増刊『0・1・2歳児の保育』（ともに小学館）で「保育実践レポート」を連載しませんかという呼びかけを受け、お茶の水女子大学こども園の先生たちに相談し、やってみようと取り組み始めたのが、２０２２年の春号でした。それから今日まで、一回も休むことなく続けることができたのは、ひとえに、木村里恵子さんをはじめとする編集部のみなさまのおかげです。ありがとうございました！

「保育実践レポート」は、保育者が「これを伝えたい」「ここに子どもたちの〝いま〟がある」と感じたものを、写真とエピソードという形でまとめて編集の木村さんに渡すという絶妙なリレーによって進んでいきました。保育の記録をもとに、ときに対話しながら誌面になっていくというプロセスは、まるで研究会のようでした。

　子どもたちと保育者たちが織り成す物語をつないで見ていくことで、見えてくることは何でしょうか。

　このとき、この子は何を感じているの？

　そばにいた保育者は、何を感じているの？

　私がここにいたら、何をしていただろう？

　いろいろな問いが浮かびます。問いを胸に抱きながらエピソードを見直すと、また違う声が聞こえてくるかもしれません。何度も見直したり、だれかと語り合ったりすると、気づきが広がると思います。

本書は、春・夏・秋・冬の季節に分けて構成されています。

「春」は、始まりのドキドキ、新緑のころの自然とのかかわり、新しい出会いの中で広がる世界を紹介しています。ドキドキ・ワクワクする子どもの姿もいろいろ、対応の仕方もいろいろです

「夏」はやっぱり水遊び。0歳から5歳まで、「水」とかかわる子どもたちの姿が輝いています。年齢の特徴、水遊びの可能性、バリエーションなどに着目してお読みください。夏ならではの取り組みは水だけではありません。夏野菜の収穫やスタンプ遊びなども紹介しています。

「秋」は、暑さが和らいで過ごしやすくなり、子どもたちは戸外で生き生きと活動し始めます。大学のキャンパス内にある園ならではの恵まれた自然環境を生かした取り組みが満載。1枚の落ち葉も楽しみ方は多様です。子どもたちの心に残る自然とのかかわりを紹介しました。3・4・5歳児クラスでは運動会への取り組みも詳しくまとめています。

「冬」は、生活や遊びの積み重ねの中で成長した子どもたちの姿をたくさん紹介しています。自分らしさを発揮することと、クラスの友達や異年齢の友達との出会いを大切にする生活を積み重ねる中で育った子どもたちの姿です。0歳児から5歳児まで、それぞれの「いま」の中にある確かな「育ち」を紹介しています。

そして、最後に西隆太朗先生（お茶の水女子大学教授）と保育について語り合いました。保育する日々の中に大事な意味があります。それを、保育する自分自身が自覚すること。それにより、保育は、さらに輝きを増していきます。子どもたちと保育者たちの声がたくさん聞こえてくるように思うこの本が、そのような動きのきっかけになることを願ってやみません。

もくじ

3・4・5歳児クラスの夏

0・1・2歳児クラスの秋

3・4・5歳児クラスの秋

0・1・2歳児クラスの冬

3・4・5歳児クラスの冬

本書の読み方

キャプション： メインレポートに関連した写真の補足説明です。

解説： この時期、この学年の子どもたちの姿と遊びについて、短く解説しています。

色分け①： クラスごとに色分けしています。

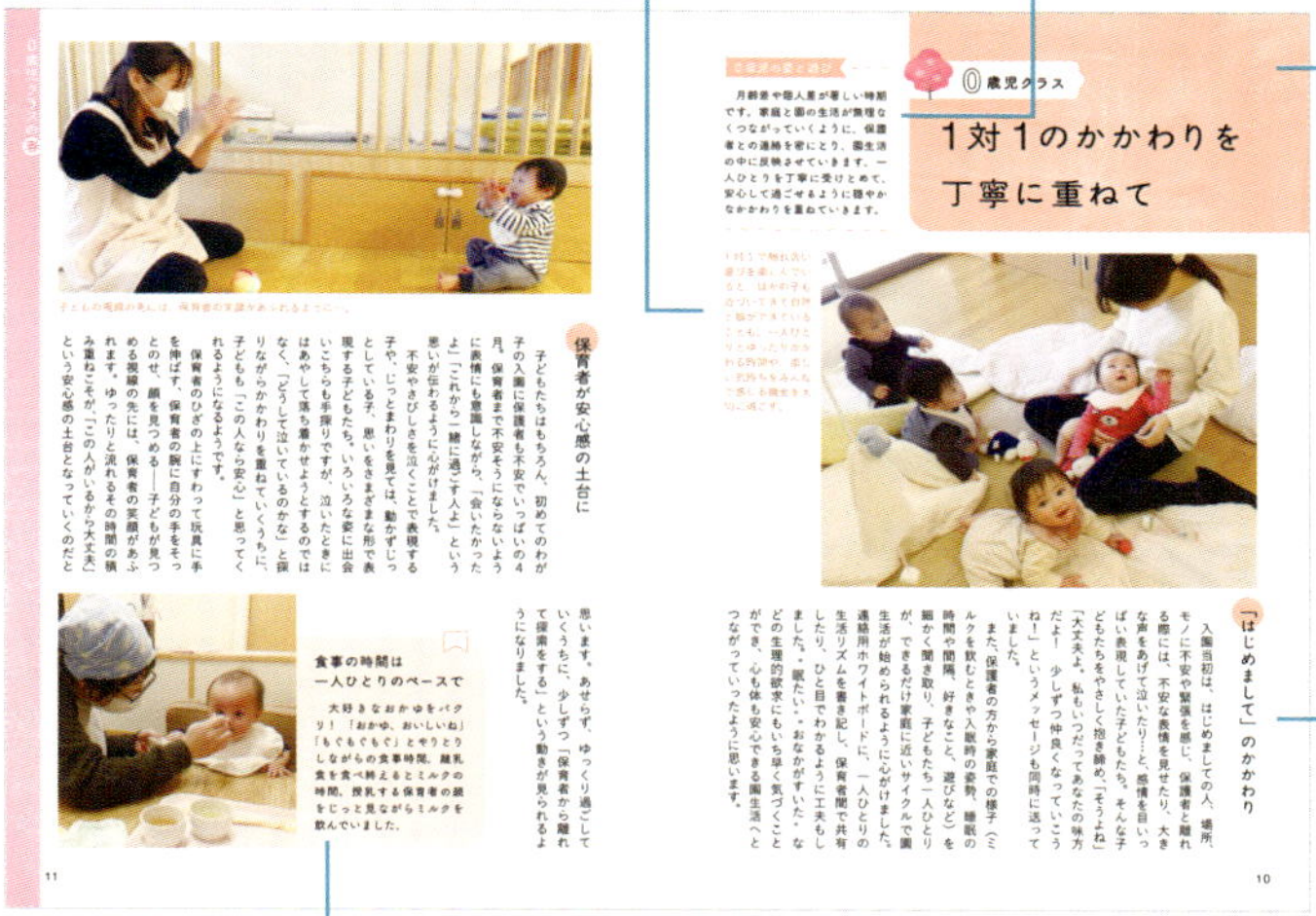

メインレポート： この時期、印象に残った子どもたちの姿・エピソードを紹介しています。

サブレポート： メインレポートのはみ出しエピソード＆それ以外のエピソードを紹介。

キャプションの見出し： ひとつの活動の展開プロセスや、グループごとに展開する様子を複数の写真で紹介する場合に、わかりやすく見出しをつけました。

色分け②： 季節ごとに色分けしています。

文京区立お茶の水女子大学こども園の

子どもたちの暮らす場所

0歳児クラスの保育室

0歳児クラスだけで、静かに安心して過ごすことができるように配慮しています。おすわりからハイハイ、つかまり立ち、歩き始めた子…とそれぞれの子どもの動きをとらえて、手を伸ばして触ることができる場所に手作りおもちゃなどを設置。ハイハイでウッドデッキに出ていくこともできるようになっています。

1・2歳児クラスの保育室

向かって右側が1歳児のスペース、左側が2歳児のスペースです。たとえば2歳児のスペースには潜り込めるような場所を設けるなど、それぞれがお気に入りの場所を見つけて遊べるようにしています。奥にはウッドデッキがあり、室内から戸外へと子どもたちの世界が広がっていきます。

3・4・5歳児クラスの保育室

大きく広がるフロアを3・4・5歳児が分け合って過ごしています。左の写真の手前側が3歳児のスペース、一番奥側が5歳児のスペース。その真ん中に4歳児のスペースがあります。オープンですが、それぞれのスペースにはクラスの子どもたちの興味や関心に合わせた場や装飾の工夫があります。各スペースからテラス（左下の写真）に出ることができ、ここでも異年齢同士、かかわり合う姿が見られます。

0・1・2歳児クラスの春

春は新しい環境と出会い、不安になりやすい時期です。お茶の水女子大学こども園には0歳児クラスだけの保育室があり、子どもたちが安心して過ごせるように配慮しています。1歳児と2歳児は合同の保育室の中でスペースを分け合い、異年齢同士触れ合いながら生活しています。

0歳児クラスから1歳児クラスに進級するときは、保育室が変わって、しばらくは戸惑いが見られることもあります。一方、1歳児クラスから2歳児クラスに進級するときには、見慣れた保育室内での移動ですし、オープンですから不安な様子はあまり見られません。前年度の2歳児クラスを間近に見ていたこともあり、「いよいよ2歳になった」という喜びが大きいようです。この姿にも子どもの成長を感じます。

場所が変われば見える景色も変わります。それも貴重な体験です。「はじめまして」の保育者、新しく担任になった保育者との距離をゆっくりと縮めながら、安心感を得て、自分らしい姿を表現するようになっていきます。(宮里)

0歳児クラス

1対1のかかわりを丁寧に重ねて

0歳児の姿と遊び

月齢差や個人差が著しい時期です。家庭と園の生活が無理なくつながっていくように、保護者との連絡を密にとり、園生活の中に反映させていきます。一人ひとりを丁寧に受けとめて、安心して過ごせるように穏やかなかかわりを重ねていきます。

1対1で触れ合い遊びを楽しんでいると、ほかの子も近づいてきて自然と輪ができていることも。一人ひとりとゆったりかかわる時間や、楽しい気持ちをみんなで感じる機会を大切に過ごす。

「はじめまして」のかかわり

入園当初は、はじめましての人、場所、ものに不安や緊張を感じ、保護者と離れる際には、不安な表情を見せたり、大きな声をあげて泣いたり…と、感情を目いっぱい表現していた子どもたち。そんな子どもたちをやさしく抱き締め、「そうよね」「大丈夫よ。私もいつだってあなたの味方だよ！　少しずつ仲良くなっていこうね！」というメッセージも同時に送っていました。

また、保護者の方から家庭での様子（ミルクを飲むときや入眠時の姿勢、睡眠の時間や間隔、好きなこと、遊びなど）を細かく聞き取り、子どもたち一人ひとりが、できるだけ家庭に近いサイクルで園生活が始められるように心がけました。連絡用ホワイトボードに、一人ひとりの生活リズムを書き記し、保育者間で共有したり、ひと目でわかるように工夫もしました。〝眠たい〟〝おなかがすいた〟などの生理的欲求にもいち早く気づくことができ、心も体も安心できる園生活へとつながっていったように思います。

子どもの視線の先には、保育者の笑顔があふれるように…。

保育者が安心感の土台に

子どもたちはもちろん、初めてのわが子の入園に保護者も不安でいっぱいの4月。保育者まで不安そうにならないように表情にも意識しながら、「会いたかったよ」「これから一緒に過ごす人よ」という思いが伝わるように心がけました。

不安やさびしさを泣くことで表現する子や、じっとまわりを見ては、動かずじっとしている子、思いをさまざまな形で表現する子どもたち。いろいろな姿に出会いこちらも手探りですが、泣いたときにはあやして落ち着かせようとするのではなく、「どうして泣いているのかな」と探りながらかかわりを重ねていくうちに、子どもも「この人なら安心」と思ってくれるようになるようです。

保育者のひざの上にすわって玩具に手を伸ばす、保育者の腕に自分の手をそっとのせ、顔を見つめる——子どもが見つめる視線の先には、保育者の笑顔があふれます。ゆったりと流れるその時間の積み重ねこそが、「この人がいるから大丈夫」という安心感の土台となっていくのだと思います。あせらず、ゆっくり過ごしていくうちに、少しずつ「保育者から離れて探索をする」という動きが見られるようになりました。

食事の時間は一人ひとりのペースで

大好きなおかゆをパクリ。「おかゆ、おいしいね」「もぐもぐもぐ」とやりとりしながらの食事時間。離乳食を食べ終えるとミルクの時間。授乳する保育者の顔をじっと見ながらミルクを飲んでいました。

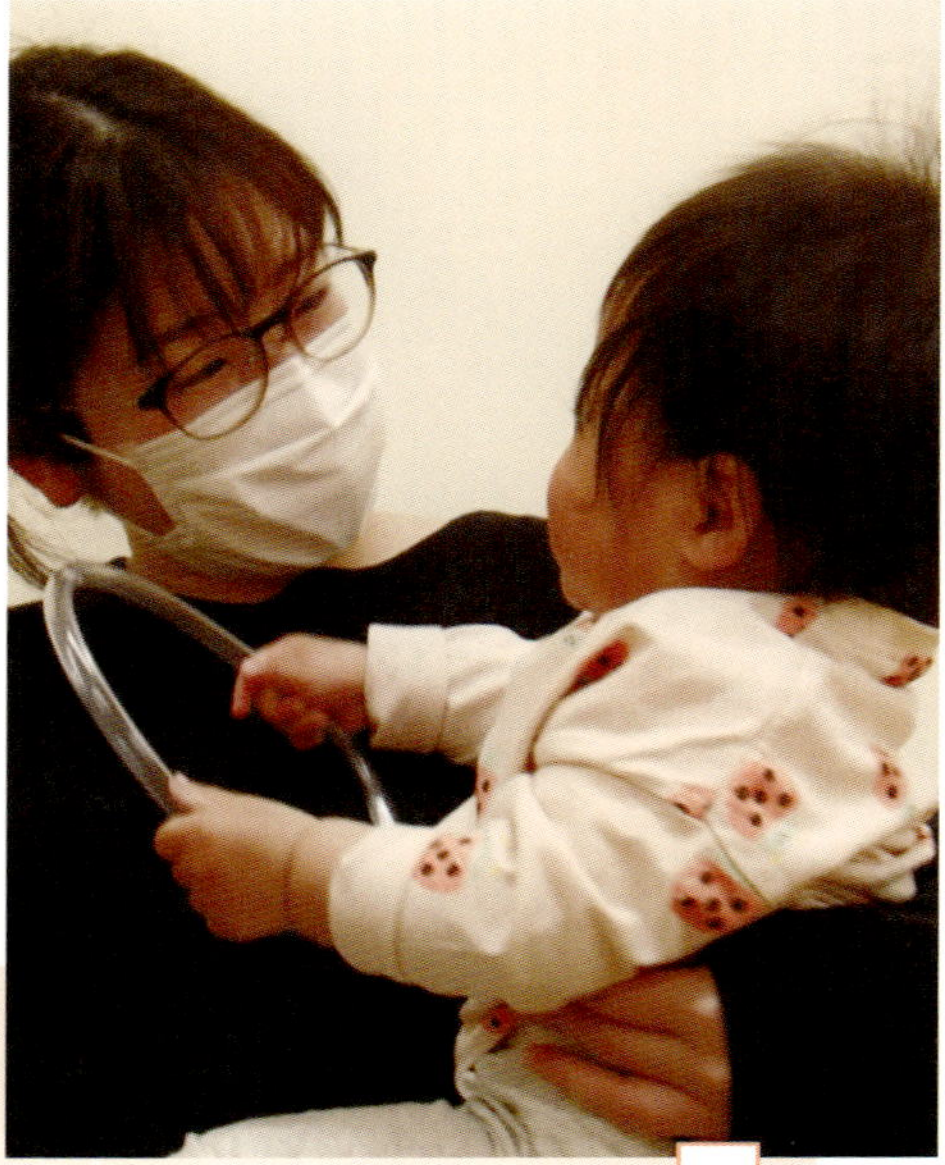

保育者との1対1の触れ合いを重ねて

保育者とともに過ごす時間を重ねながら、少しずつ子どもの中に安心が生まれていきます。保育者を見つけると「アッ！　アッ！」と言いながら、保育者のもとへ行く様子や（左上の写真）。そのままギュッと抱きつき、うれしそうに笑う様子も。丸いフープのような玩具を保育者の顔にそっと近づけて、（いないいない…）「ばぁ！」と言って顔をのぞいたり（右の写真）、鈴の音にびっくりして、保育者に触れる様子も（左下の写真）。

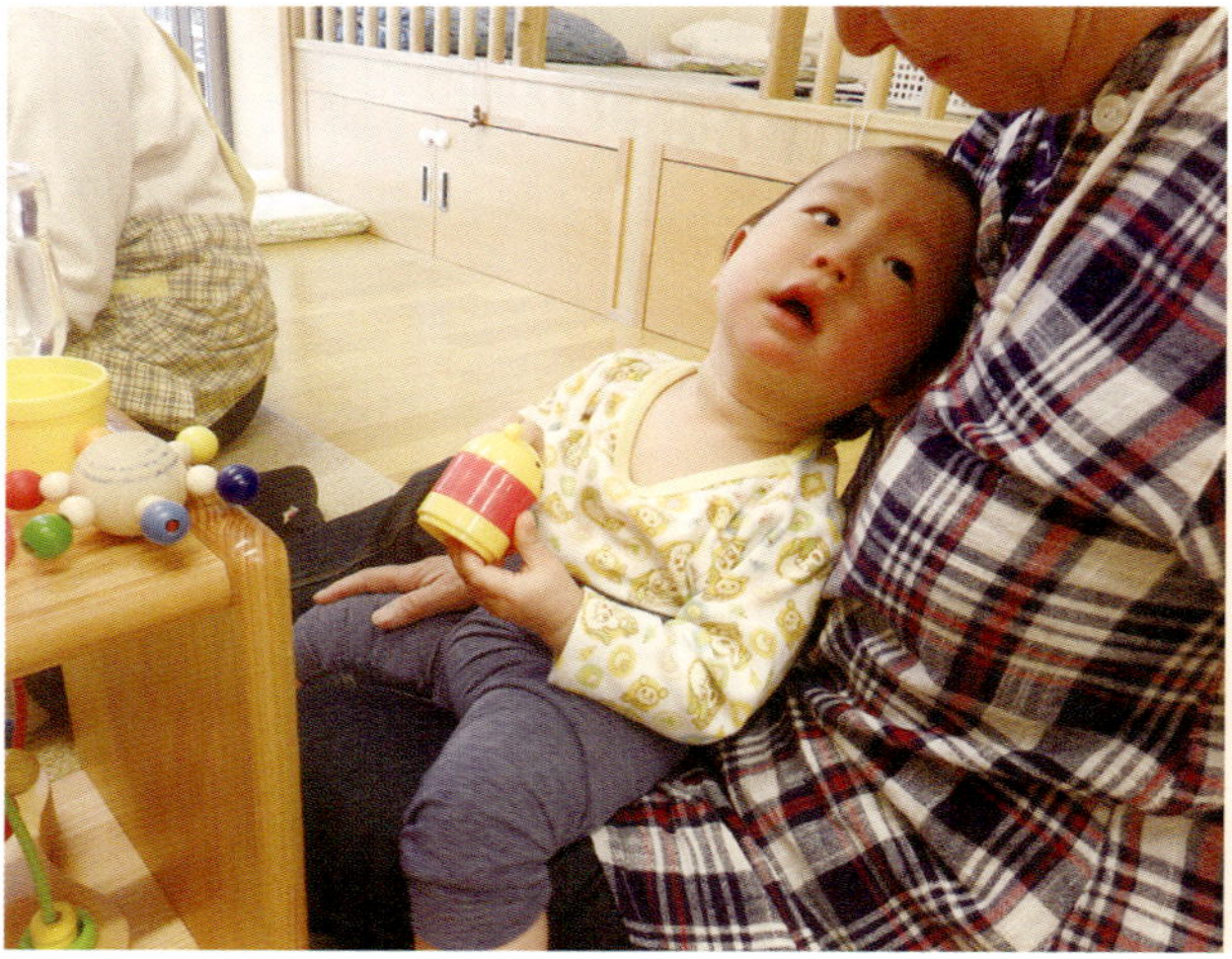

安心感の土台を丁寧に作る

子どもが泣くと保育者自身が不安を感じてしまうこともありますが、その気持ちがさらに子どもを不安にさせてしまうことも。どんなときもドンと構えてかかわること、急いで距離を詰めすぎないことを心がけます。

鏡に映る自分の姿を見た子どもたちの反応はさまざま。「へへへっ」と笑い、指先を近づけてみたり、自分を見て「キャッキャッ」と大笑いして、手をパタパタさせて喜ぶ姿も。

寝転がった先に何かを見つけ、思わず体を起こして顔を近づけてみたり、ずりばいからお尻を上げて食い入るように見つめてみたり。

友達と向かい合って

入園から数日たったころの子どもたちの姿。自分からおもちゃに手を伸ばしたり、友達にかかわろうとする姿も見られました。

天井からは布を吊るし、床にはミラーフィルムを貼った。腹ばいの子もすわっている子も、それぞれが楽しめる環境を工夫。

それぞれの楽しいを引き出す

寝返りを打って過ごす子、おすわりをする子、ハイハイをする子、つかまり立ちをする子など、月齢によって子どもたちの姿勢はさまざま。どの月齢の子もそれぞれ楽しめるような保育室環境を整えました。天井からハンモックのように吊るしたやわらかい布は、寝転がりながら引っぱってみたり、ハイハイでくぐり抜けてみたり、さまざまな遊びが展開されていました。

また、保育室の壁にある大きな鏡に興味を示し、顔を近づけてみたり、保育者と鏡越しに目が合うとニコッと微笑んだり。その姿を見て保育者間で話し合い、床にもミラーフィルムを貼ってみることにしました。

ハイハイで通過しようとしてミラーの存在に気づいた子どもたちは、不思議そうな表情でしばらくじっと見つめたあと、おもちゃを持ってきて置いてみたり、鏡を見つめながら「あーあーうーうー」と声を出してみたり。ここも楽しい場所のひとつとなっていきました。

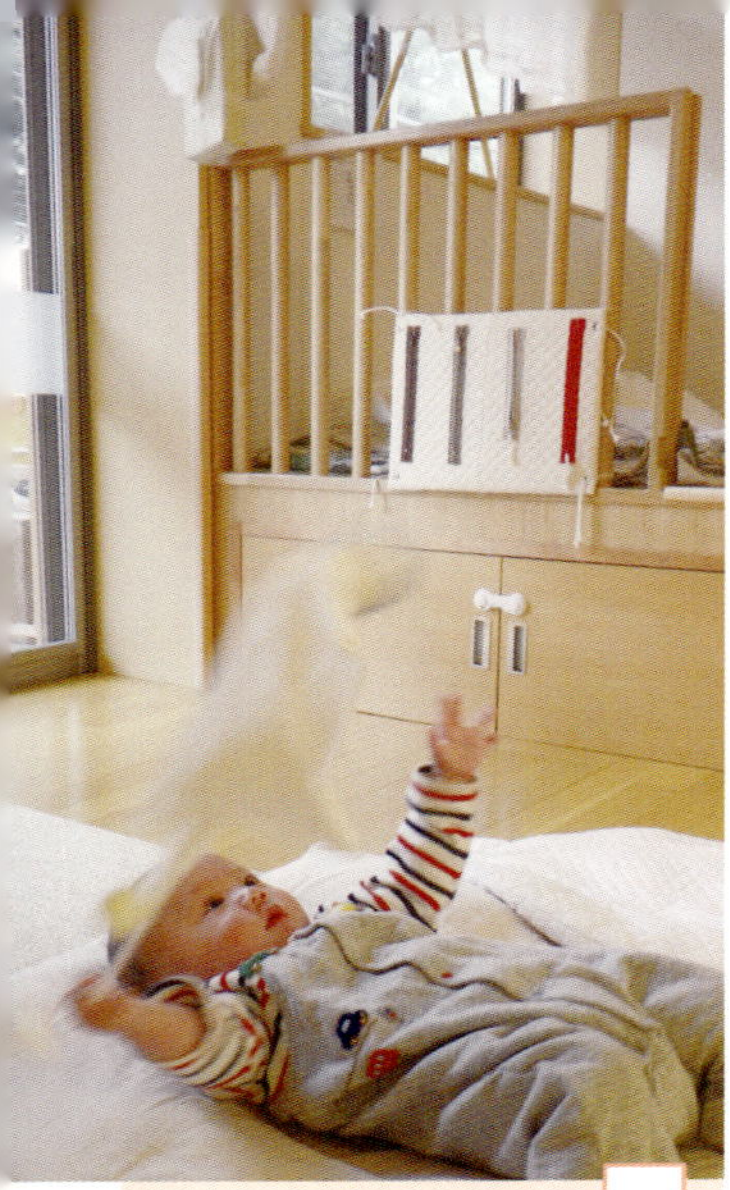

お米を入れた手作りのマラカスを振って楽しそう！

ものと出会う、触れ合う

音の出る玩具（卵形、木製のマラカスやペットボトルにお米を入れた手作りのマラカスなど）を何種類か用意しました。だれかが、マラカスを振ると音のするほうへ視線を送ったり、自分もマラカスを持ってきて振ってみたりと、さまざまな音を楽しんでいました。また、保育者の歌声に合わせてマラカスを鳴らすことも楽しいようで、「おもちゃのチャチャチャ」や「手をたたきましょう」などの歌に合わせて、笑顔いっぱいにマラカスを鳴らしていました。歌や音を通じて、子どもと保育者との距離がギュッと縮まった瞬間でした。

じっと見る触ってみる

ぶら下げられたおもちゃを手で触り、ゆらゆら揺れる様子に「キャッキャッ」とうれしそうな声をあげていました。人や環境にも少しずつ慣れ、身のまわりのものを目で追ったり、手を伸ばしたりする姿や、おもちゃを手にして自分のペースでゆったりと遊ぶ姿も見られます。

雨の日の小さな探索

雨の日、濡れたテラスの床をじっと見つめる姿がありました。おそるおそる手を伸ばし、指に水がつくと、「へへッ」とうれしそうな声を出していました。

生命との出会い

テントウムシが右腕にとまり、驚いたのかじっと見つめています。しばらくして、テントウムシが動き始めると、「アッアッ」と声を出して保護者に教えてくれました。

散歩中に出会った草花を、「これなあに？」というように、手にし、口に入れて確かめようとする姿も。

バギーの中から、植物に触れてみる子ども。「見る」「手を伸ばす」から始まる戸外での出会い。

木の枝に自分から手を伸ばす。

散歩大好き！

バギーに乗っての散歩では、枝に手を伸ばしたり、草花を握って感触を確かめたりと、春の自然との出会いを経験しました。ワクワクする気持ちや心地よさを重ねる中で、次第に保育者が散歩の支度を始めると、速いスピードのハイハイでバギーのあるテラスへ自ら向かったり、「私も行く！」というかのように、大きな声を出す姿も見られるようになりました。

1歳児の姿と遊び

個人差の大きい子どもたちですが、それぞれの状態を丁寧にとらえて、一人ひとりが「心地よく過ごせる生活」となるよう丁寧にかかわります。毎日の散歩の中で、テントウムシなどの小さな生きものと出会い、興味を広げていきます。

1歳児クラス

ゆっくり、じっくり心が動き出す

水たまりで思い切り足踏みをすると“バシャバシャ”“チャプチャプ”“ビチャビチャ”といろんな音が！

水たまりに心が動く

進級児と新入園児が一緒になって始まった新しい生活。最初は、新しい部屋や新しく出会う友達に緊張した様子を見せていた子どもたちでしたが、ゆったりとした時間の中で自分の遊びを楽しんだり、友達や保育者と一緒に遊ぶ中で安心して過ごすようになっていきました。

道を歩いているとフワッと柔らかな風が吹き、暖かな日差しにホッとする春。草花や虫、そして水たまりとさまざまな出会いがありました。

水たまりを発見したときには、心が動き、次の瞬間、体が動いていた子どもたち。水がはねるたび、「キャハハ」と互いに顔を見合わせながら笑い合います。その楽しそうな声につられて、ひとり、またひとりとやってきました。

そんな中、じっと壁にくっついてその様子を見ている子もいました。保育者が同じように壁にくっついて様子を見ていると、背中がポカポカ、日差しの暖かさでホッと安心することに気づきました。しばらくして、ほかの子どもたちが水たまりにツツジの花を浮かべて遊び始めたのを見て、「自分も」と駆け出した後ろ姿は生き生きしていました。

楽しいことやおもしろいことがあると、ついつい誘ってみたくもなりますが、子どもが自ら動き出すときをゆっくりと待つ…そんな心持ちで子どもたちのそばにいられたらと感じた瞬間でした。

「自分も」

園庭でひとりの子がダンゴムシを見つけました。最初は「怖い」「先生が（触って）」と言って遠くから見ていましたが、友達がダンゴムシを「かわいい」と言いながら触っているのを見て、“自分も”と思ったのかカップを持ってきました。保育者がダンゴムシを捕まえ、そっとカップに入れると、友達のそばに行き「一緒」とうれしそうに見ていました。

もう１回！

ひとりの子が石を持って外灯の柱をたたくと“カンカン”と音が響きました。その音を聞いて、ほかの子も石を拾い、一緒にたたき始めます。“カンカン”“クォンクォン”“タンタン”といろんな音が聞こえてきます。それがおもしろかったのか「一緒に！」と言いながら、いろんな場所をたたき始めました。音を発見するたび「キャハハ」とうれしそうに笑い、「もう１回」「こっちも」と音を探しながら歩いていました。

砂場で型抜きの型を逆さにして押し当ててみると、模様ができてビックリ！　保育者も一緒に発見を楽しんだ。

これ、何だ？　不思議発見！

遊んでいる中で見つけた不思議なことやおもしろいことを、「これ、何だ？」「もう1回」「こっちはどうかな？」と楽しんでいる姿がたくさん見られました。そんなとき、保育者も一緒になってやってみたり、子どもがおもしろがっていることにじっと目を凝らし、耳を澄ませてみると、思いもよらない発見があります。

砂遊びでは、砂がサラサラでうまく型抜きができず、型抜きの型を上下逆の向きにして砂に押し当ててみると…丸い線ができて、「わぁ！」「見て！　見て！」と大発見の子どもたち。ほかの型でやってみるとまた違う形が地面に現れ、「これも」「もう1回」と大喜び。想像とは違う模様が出てきて「わぁ、すごい！」と、保育者も思わず声が出てしまいました。子どもたちの見ている世界をのぞいてみると、発見と驚きの連続です。

始まりの季節である春。ゆっくり、そしてじっくりと、子どもが動き出すときを大切にしたいと、改めて感じた出来事でした。

春の風を感じながら…

新しい環境の中で、不安を抱き「ママがいい〜」と、力いっぱい泣いている子がいました。「そっかそっか、ママがいいよね！　ママのこと大好きだよね」と寄り添いながらも、泣いている子を抱っこして、園庭に出かけたり、自然や乗り物を一緒に眺めたり…。

同じ高さ（目線）で同じものを見ていると、ピタッと涙が止まる瞬間がありました。「いま、きれいなチョウが飛んでいたね！」と言葉をかけると、「うん！」と、うなずくことも。保育者自身も、このクラスの子どもたちとは「はじめまして」だったのですが、心と心が通じ合う瞬間を丁寧に重ねていくことで、距離が縮まっていったように思います。

春の風を感じながらの散歩では、登園時に泣いていた子も、「ちょうちょ」や「ぶんぶんぶん」など、歌を口ずさみながら気持ちよさそうに歩いていました。草花や虫の存在に気づき、関心をもって見つめたり、手に取ってみる姿も見られるようになりました。

ひとりが水たまりにすわると、次々にすわり始める。

初めての泥遊び

ある日の散歩中、水たまりに出会いました。はじめはその上を慎重に歩いていた子どもたちですが、次第に足踏みをしてみたり、すわり込んでみたり。散歩中の泥遊びは想定外でしたが、「いまだからできる遊びを大切にしたい」と感じ、服や顔、全身泥だらけになるまで夢中で遊ぶ姿を見守りました。

散歩中に出会った水たまりに、おそるおそる足を踏み入れ、歩いてみる子ども。友達が集まってきて、みんなが水たまりの中へ。泥だらけのまま、帰り道はバギーで園へ。

だれかと一緒に

0歳クラスから進級してきた子同士で、安心したように寄り添う姿も見られました。

それぞれの「楽しい」を大切に

子どもたちが感じている「楽しい」はそれぞれです。「友達と一緒」もあれば、「ひとりでじっくり」もあります。どれも大切な「楽しい」です。

絵本の世界とつながって

『てんとうむしのてんてんちゃん』という絵本が大好きでよく読んでいたころ。Aちゃんが散歩先で見つけた小さなテントウムシに「てんてん！　いた！」とつぶやきながら、そっと手にのせてしばらく動きを見ていました。

五感で確かめる春の自然。

自然と親しむ

園生活にも慣れてきた子どもたち。天気のいい日は、毎日散歩に出ています。自然の力に頼り、そして自然にたっぷり触れてもらえるように、春の散歩を楽しみます。

ダンゴムシ、アリ、チョウ、そして緑や色とりどりの草花など、春は思わず手を伸ばして触れてみたいのものであふれています。風に当たり、木々の音、鳥の声に耳を傾け、自然に親しみを持ちながらの日々を過ごします。

遊びを見つけて それぞれに楽しむ

やりたい遊びを自分で見つけて、じっくり楽しむ姿があります。おままごとコーナーでは何やら料理中（左の写真）。また、大好きなメダル落としに夢中になる子も。目と手を同時に使って、細い穴からメダルを落としています（右の写真）。

お気に入りの 場所を見つけて…

「出発！」「ブッブー」「行くよ」。小さなスペースに入り、それぞれがお気に入りのものを持って出発。目的場所に着くと「買い物行ってくるね」とスペースを出て、そのあとも行ったり来たりしながらお出かけを楽しんでいました。

興味がそそられると、自分から近寄っていく子どもたち。少しずつ子ども同士のかかわりも見られるようになってきて、「何しているのかな？」とばかりに顔を近づけたりのぞき込んだり。

だれかと一緒に

じっくりと自分のやりたい遊びを楽しんでいるときもあれば、だれかと一緒に遊びたいときもあるようです。互いのやっていることに目が向くようになり「一緒ね」「どうぞ」とやりとりが生まれ、一緒に遊ぶことも増えていきました。

車になりきって「ブッブー」「ブーン」と言っている友達の声を聞いて、同じように「ブッブー」「ブーン」と言って大喜びする姿もあります。同じことをしたり、一緒に何かになりきる中で”友達と遊ぶことが楽しい“という思いも広がっているようでした。

雨の日の室内遊びは思いっ切り解放的に

雨の日は、室内で新聞紙遊び。ビリビリ破いたり、裂いたり、投げたりしていると、心も体も解放的に。

自分で食べたい思いを大切に、一人ひとりに合わせて援助。安心して食べられるように、保育者と１対１で食べる子どもも。

心地よく過ごすための配慮を大切に

新たな出会いや環境に、少しの間、戸惑ったり、不安を示す姿が見られるこの時期。私たちが最も大切にしているのは、子どもたち一人ひとりが、〝心地よく過ごす〟ための配慮です。そのために生理的な要求にしっかりと応じることを心がけています。

午前寝をしたい人は安心して眠れるように、おなかがすいた人は早めに食事が取れるように、歩きたい人は安全な環境の中で自分のペースで歩けるように…と、一人ひとりに応じたかかわりを大切にしています。

要求が満たされ、気持ちが落ち着くと、自然とまわりに目が向きます。興味がそそられるものがあるとじっと見つめ、そのうちに自ら近寄り、触れに行きます。子ども同士でも、そっとそばに行ってみたり、顔をのぞき込んでみたりする姿が見られるようになってきました。お互いに心を開き、かかわりたい思いが芽生えてきたようです。

2歳児の姿と遊び

体をいっぱい動かして遊び、おもしろいと思うことに夢中になり、日々を楽しく過ごしています。「やりたい」という思いを出す一方で、「いや！」という意思表示もしっかりとします。その子の「いま」を大切に受けとめ、一人ひとりの育ちを支えていきます。

2歳児クラス

「おもしろい！」がいっぱい！

「靴が履けないー」という友達の声を聞き、「私が履かせてあげようか？」と友達が急いでやってきた。どうやら保育者の出番はない様子…。

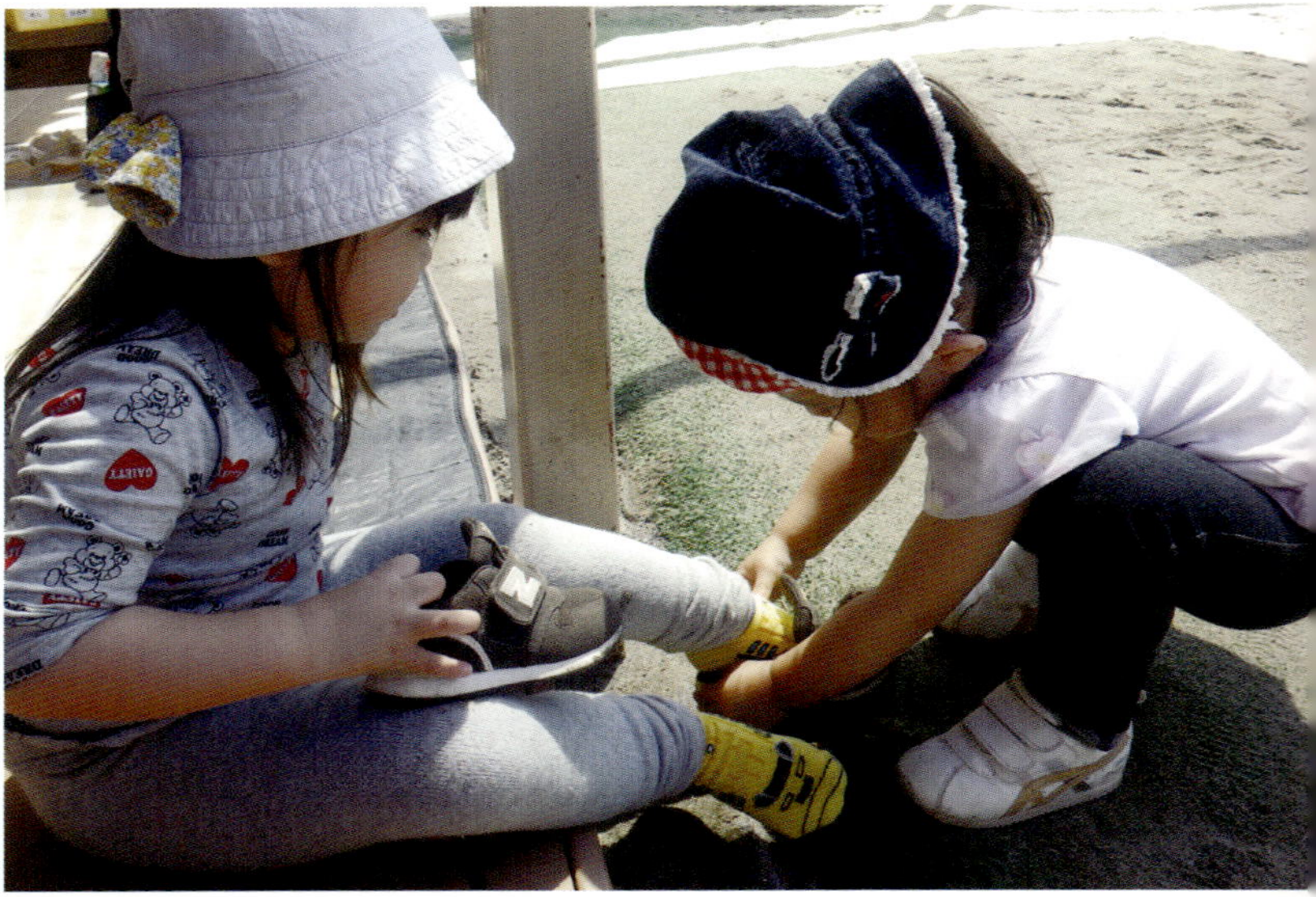

大きくなるってうれしいな！

楽しみにしていた進級。環境が変わっても子どもたちが安心して過ごせるように、朝の受け入れや子どもたちの好きな玩具の設定など、できる限りの配慮や準備をし、子どもたちを迎えました。

進級初日。食事のテーブル、午睡の場所などがいままでとは違うというのに、子どもたちは当然のように、前年度の2歳児が過ごしていた場所に向かいました。子どもの姿から、「大きくなってうれしい！」という気持ちが感じられました。

友達と遊びたい気持ち、一緒にやりたい思いが膨らみ、何か楽しいことが始まると、次々集まってきて、いつの間にやらみんなの遊びになっていることが増えています。お店屋さんごっこでは、店員さんとお客さんに分かれて「いらっしゃいませー」「おいしいですよ」などとおしゃべりしながら、自分が経験してきたことを遊びの中で表現していました。楽しそうなことだけでなく、友達が困っている姿にも気がついて、保育者を呼んだり、自分で対処しようとする姿があります。

「おばけのおうち」

のぞいているのは「おばけのおうち」だそうで、「おばけ、見に行こう！」と集まり、みんなで向かいます。「いたー」「キャー」と走って逃げ出したり、落ち葉や木の実を「ごはんだよ」と届けに行ったり。

大好きがいっぱい！

おばけが大好きだったり、ダンゴムシが大好きだったり、いろいろな大好きが子どもたちの心の中にあります。進級して少し張り切っている子どもたちの心を和らげるのは、「大好きなもの」との出会いのようです。

だれかが見つけたおもしろいことは、すぐにほかの子に伝わっていきます。ひとりから始まって、ふたり、3人、4人と、一緒に楽しむ友達の数が増えてきて、楽しさが膨らんでいきます。「入れて」「いいよ」といったやりとりではなく、おもしろいことに心惹かれてだんだん集まってきて、気がついたらたくさんの子どもたちが同じ楽しさに夢中になっていたという姿が、とても大切だと思います。

春の自然の中ではおもしろいことがたくさん見つかります。ダンゴムシやアリ、タンポポの綿毛など、じっと見ているだけでもおもしろく、かかわってみればさらにおもしろくて、子どもたちの心をつかみます。園庭や散歩道、散歩の目的地などで、小さな自然との出会いが期待できる場所に出かけるようにします。広い場所でなくても、そこにしゃがみ込んでかかわることができれば、子どもたちにとって最高の場所になります。

自然の中に出かけたら、保育者も一緒に楽しむ気持ちで遊ぶようにします。楽しさやおもしろさを一緒に感じ笑い合うと、リラックスした気持ちになり、保育者自身も2歳児クラスに進級して気負っていたな、と気づかされたりもします。思い切り深呼吸をして、「いま」をゆっくり楽しみながら過ごしていきたいと思います。

みんなで頭をくっつけ、ぎゅっとくっついてダンゴムシ探し。大きな石の下にいることを学び、次々と石をひっくり返したり、「いた！」の声に急いで集まったり。

自分の世界から外の世界へ

戸外でも見立て遊びを楽しんでいます。自然物を使ってお店屋さんごっこをしたり、マンホールをピザ生地に見立ててピザを作っていました。

園の敷地内にあるクロツグヤシの長い葉もお気に入りで、釣り竿のように使って花を釣ってみたり、歩くときに杖代わりにしてみたり、友達とふたりで持ってトンネルのように作ってみたり…。

また、その日食べた給食や、休日に出かけた経験なども、戸外遊びの見立て遊び、ごっこ遊びに反映されることが増えてきました。

広い戸外でも、友達の楽しそうな声や「おいで〜！」の声をすぐにキャッチして、笑い合っている子どもたちです。

クロツグヤシの長い葉でお花釣りに挑戦！

春の散歩で「？」に出会う

Aちゃんがマンホールにちょんと触れて…「あつい！」。太陽が当たって熱くなっているのに気づいた様子。Bちゃんが下を流れる水の音に気づき、「みんな、しっ！」と声をかけると、耳を澄まし、音をじっと聞く子どもたち。「お水があるのに、ここあっついのはなんで？」と、不思議そうに話をしていました。

発車しまーす！「楽しい」が重なる

「タタンタターン」「次は〜」などと思い思いに言葉や音を発して、みんなで電車ごっこを楽しんでいます。すわる場所はどこでもいいという子もいれば、一番前の運転席にこだわる子もいて、一人ひとりの思いはさまざまです。

友達と手をつないで いつもの散歩道を歩く

いままで保育者と手をつないで歩いていた散歩道。最近では友達と手をつなぎ、ふたりだけで歩いてみる姿も見られます。

こいのぼりの時期には…

5月が近づくと、園の入り口に掲げたこいのぼりに近づいてみたり、「おーい！」と大きな声で呼んでみたり（左下の写真）。そのうちテラスに寝転がり、こいのぼりの歌を歌いながら体を揺らしては、こいのぼりになりきる姿もありました（下の写真）。

日だまりの中で

心地のよい日の光を浴びながら、戸外遊びを存分に楽しんだあとは、テラスに寝転がってひと休み。「あったかくて、ねむくなっちゃうよ～」というつぶやきも聞こえてきます。

友達とぎゅっと集まって

1歳児クラスのときから、同じ場所で遊ぶことが多かった子どもたちですが、新しい生活に少し不安もあったのか、3月より2歳児クラスに進級した4月になってからのほうが、ぎゅっと集まって遊ぶことが多い印象でした。

友達や保育者の笑い声、楽しい声が聞こえると、すぐに集まってくる子どもたち。そんな〝声〟や存在も、子どもたちの安心を作っていたのかもしれません。

友達のまねをして「おんなじだねー！」

保育者や友達のまねをするのが楽しい様子で、「おんなじだね～！」と顔を見合わせて微笑み合う子どもたち（上の写真）。ジャンプマットから飛び降りてそのままごろんと転がると「ぼくも～！」と同じように次々に転がっていました（右上の写真）。

パーティーの準備もみんな一緒に！

焼きいもパーティーやカボチャパーティーなど、食べものの名前がついたパーティーごっこがブームに。エプロンをつけ、みんなでパーティーの準備中！　切る人、混ぜる人、食材や食器を洗う人…というように、自然と役割が決まり、同じ場でやりたいことをしながらも、イメージを共有して遊んでいるようでした。

みんな一緒に「おいしいね！」

「おいしいね」「○○（食べもの）好き？ぼくも好き、おんなじだね」という子ども同士の会話も聞こえてくる、おいしい食事の時間。

心動いた経験がつながる

6月、散歩の道中で大きなアジサイに出会いました。「きれいー」「大きいね！」「ピンク！」「紫！」と思ったことを口々に言い、ポンポンとやさしく触れてみたりしています。子どもたちと一緒に選んだ色のアジサイを持ち帰って、保育室に飾ることにしました。

眺めていると、今度は「アジサイを作ろう!!」と製作につながり、折り紙を切って作った花びらを紙にのりづけしてアジサイを表現しました。

楽しかったこと、うれしかったこと、「すごい〜！」などと心が動いた経験が、次へとつながる生活を楽しんでいます。

紙の花びら一枚一枚にのりをつけて貼っていく。

散歩先で出会ったアジサイにやさしく触れてみる。

0・1・2歳児クラスの春を振り返って

ドキドキがいっぱいの春ですが、その中で、一日一日と生活を重ねる中で、自分らしく動き始めていく子どもたちの様子を紹介しました。子どもたちとお母さんお父さんたち、そして保育者たちが「はじめまして！」「よろしく！」と言葉や笑顔を交わしながら、ときに涙も混ざりながら、始まりの扉が開かれていったのだと実感します。

そんな春を支えてくれているのが、花や虫たちです。ヒラヒラと舞うチョウに目をとめたり、小さなダンゴムシを指先でつまんだり、友達と一緒に見合ったりして笑い合う子どもたちです。日が当たっている場所が暖かいことに気づいて「あったかいね」と喜び合う姿もあります。まさに春のうれしさを感じています。このような姿に出会うと、１年の始まりが春でよかったなと思わずにはいられません。

４月、５月、６月と季節が進み、園での生活にも少しずつ慣れていく姿が見られます。1・2歳児では、そばにいる友達とのかかわりも豊かに広がってきました。家庭での生活のリズムと園での生活のリズムが無理なく合わさるようになってきて、食べる・寝る・遊ぶこの３つが無理なくつながって、子どもたちの元気が広がっていきます。一日一日が大事に積み重なることの大切さを思います。（宮里）

身近な自然との出会いがたくさん。草花を、一輪摘んでは台に並べていく１歳児クラスの子どもたち。

3・4・5歳児クラスの春

新しい春が来て、3・4・5歳クラスの子どもたちの生活も新しくなりました。成長の形は、一直線よりは螺旋状に登っていく感じでしょうか。新しい出会いにためらったり、揺らいだりしながら、進んでいきます。

進級児と新入児が出会い、「はじめまして」がたくさんある3歳児たち。ひとつ大きくなり、自分より年下の子たちがそばにいる生活が始まる4歳児たち。たくさんの経験を経て心も体も大きくなり、園で過ごす最後の1年を楽しみにしている5歳児たち。それぞれの〝いま〟を受けとめて保育をする保育者たちが紡ぐ物語です。

お茶の水女子大学こども園では、3・4・5歳児がひとつのフロアを分け合って生活しています。興味を持って近づいたり、おしゃべりをしたりと、日々の中でごく自然にかかわり合いが生まれています。子どもたちは同年齢同士で豊かに育っていきますが、同時に異年齢の子どもとのかかわりの中でも、刺激し合い、育ち合う姿が多く見られます。

（宮里）

3歳児の姿と遊び

「自分が楽しいこと」が一番。おもしろそうだなと思うところに人が集まってきて、遊びの輪ができるようにもなっていきます。なりたいものにすぐになりきれてしまう姿もこの時期ならでは。さまざまな発見、体験をしながら感受性を育んでいきます。

3歳児クラス

少しずつゆっくりと「安心」を見つける

「一緒のお花を見つけたよ！」に花を寄せてうなずく。心が通じる瞬間を丁寧に重ねる。

出会いの春

2歳児クラスから進級してきた子、この春に入園して初めての園生活を送る子、ほかの園から転園してきた子と、さまざまな子が集まってのスタートとなった4月。特に、はじめましての子とは、その子の好きなことを探って一緒に楽しんだり、気持ちが動くタイミングを待ってみたりと、心と心が通じ合う瞬間を丁寧に重ねていきました。

子どもたちそれぞれに環境の変化があり、どこか落ち着かない様子もありましたが、春の爽やかな風に誘われて散歩に出かけると、不安や戸惑いも風とともにどこかへ行くようで、足元は軽くなり、歌を口ずさんだり。そのうち、友達の発する言葉や遊びに興味を持ち、相手の様子をうかがいながら少しずつ距離を縮めていったようでした。自分から友達の名前を呼んでみたり、遊びに誘ってみたりする中で、おもしろい遊びに出会ったり、新しい世界が広がったり身を持って味わっていたように思います。

新しく出会った保育者にはまだ親しみが浅く、問いかけにはなかなか応えてくれない子も、散歩先では「ねぇ、そこの人見てよ！」と、伝えたいことがあふれ出すように声をかけてくれました。春の豊かな自然はみんなの心をほぐしてくれたようです。

発見を友だちと一緒に

「何の虫、見つけたの？　見せて」「いいよ、これ○○なんだけど、ここ持つと痛くないと思う」。友達と発見を共有したい気持ちが、どんどん広がっていきます。

「かりん列車」に乗って、みんなを紹介。名前を呼ばれた子を、それぞれがじっと見ている。

摘んだタンポポをベンチの溝に入れていく。するとひとり、ふたりと仲間が加わっていき、お花屋さんのごっこ遊びへとつながっていった。

新しい仲間と少しずつつながる

自分たちのクラスの名前（かりん組）をつけて「かりん列車」と呼んでいる中庭の階段。そのかりん列車に乗って短い集まりをしています。新学期が始まって間もないこの日は、ひとりずつ名前を呼んでいます。

新しく入園した子と、進級した子がふとした瞬間に顔を見合わせたり、「何してるんだろう？」と静かにお互いの様子を見ていたり。新しい仲間の存在をそれぞれのペースで感じているようでした。

ひとりの子どもがきれいに咲いていたタンポポをベンチの溝に並べていると、ひとり、ふたりと友達が集まってきました。「ここお花屋さんなの。一緒にやる？」という言葉から、ごっこ遊びが広がっていきます。「この花はこっちに置こう」「そこにもあるといいんじゃない？」と、配置を決めるのも、やりとりをしながら。「お客さんいっぱい来ちゃうよ！　こんなきれいに並んでたら」と微笑む子どもたち。少しずつ、友達同士の距離も縮まっていきます。

友達の輪が広がって

電車ごっこをしている友達に駆け寄り、「乗りたいんだけど」と自分から声をかけてみたり、保育者のそばから離れて電車に乗り、またすぐ降りて戻ってきたり、満員電車になって「ぎゅうぎゅう～」と大笑いしたり。

身近な自然にたくさん出会えるキャンパスの中庭で。

「春はピクニックだよ！」「お弁当たくさん作ろう！」。テラスに自分たちでシートを広げてごっこ遊びが始まった。

安心できる人、もの、場所

5月になると、保育者のそばで安心して遊ぶ子がいたり、特定の友達がいると安心できるようになったり、あるとホッとできるものがあったり。特に、いつもだれかしらが集うシートは、室内外どちらも大活躍でした。シートを敷くと、靴を脱いでゴロゴロひと休みしたり、そこで子ども同士の出会いがあったり、遊びが広がっていったりと、さまざまな場になりました。

自分なりの安心を見つけ始めたころには、それぞれの行動範囲や友達の輪も広がって4月とはまた違った子どもたちの表情や姿がありました。

ゴロゴロしたり、友達との会話を楽しんだり、シートは外遊びの拠点にも。このあと、ふたりで大きい葉っぱ探しに出発！

散歩に出た中庭で、作ったこいのぼりを持って走る。「これはこいのぼり走りなの！」

それぞれの「おもしろい！」が少しずつ広がっていく

朝、ダンボールで作った電車を持って散歩へ出かけた子どもたち。キャンパスの中庭に着くと、さっそく電車に乗って遊んでいました。翌週、朝からこいのぼりを作って遊んだ日にも、「ねえねえ。散歩に持っていっていい？」と子どもたち。中庭に着くとこいのぼりを持って走り始めました。「走るとこいのぼりが風を受けていっぱい泳ぐ！」とうれしそうです。こいのぼりを持ってこなかった子どもの「ぼくも作りたい！」という声を聞き、保育者が葉っぱと枝を使ってこいのぼりを作ると、それを持ってうれしそうに走り出しました。

キャンパス内の散歩ということもありますが、このクラスの子どもたちは、バケツやすり鉢などそれまで園庭で遊んでいたものを「散歩に持っていきたい」といって、持って出かけることがたびたびあります。このような道具があると、散歩先でもやりたいこと、おもしろい遊びが見つかりやすいようです。

保育者と一緒に、木の枝に葉っぱをくっつけてこいのぼり作り。「おもしろそう」「やってみたい」の芽を大切に、その場で工夫を凝らす。

この日は朝からこいのぼり作り。

不思議がいっぱい！

子どもたちは、身のまわりにある「?」をよく見つけます。体操をするために音楽をかけようとCDを用意していたら、「あ！　虹が見える！」と大きな声があがりました。その声を聞いて天井を見上げると、CDに日の光が当たって反射し、きれいな光が映っていました。

これはすごい！　ということで、ほかのCDも出してくると、次々に手に取って、何とかやってみようとしています。すぐにはうまくいかないのがまたおもしろくて、子どもたちの心は、ひきつけられていました。

「水」の探究もなかなかおもしろいものでした。地面を流れる水を、「どこまで行くのかな?」という興味で、じーっと見ています。だれかが見つけた不思議に、ほかの子たちの興味が集まって、気がついたら、水の行方をみんなで追いかけているのです。

子どもたちのまわりには「?」がいっぱい。それを追いかける日々の楽しさは格別です。

水道から出た水が地面にゆっくりと流れてくると、「どこまで行くのかな？」「トンネルの下を通るかな？」と、水の行方を追いかけたり、足でトンネルを作ったりして、興味津々の子どもたち。

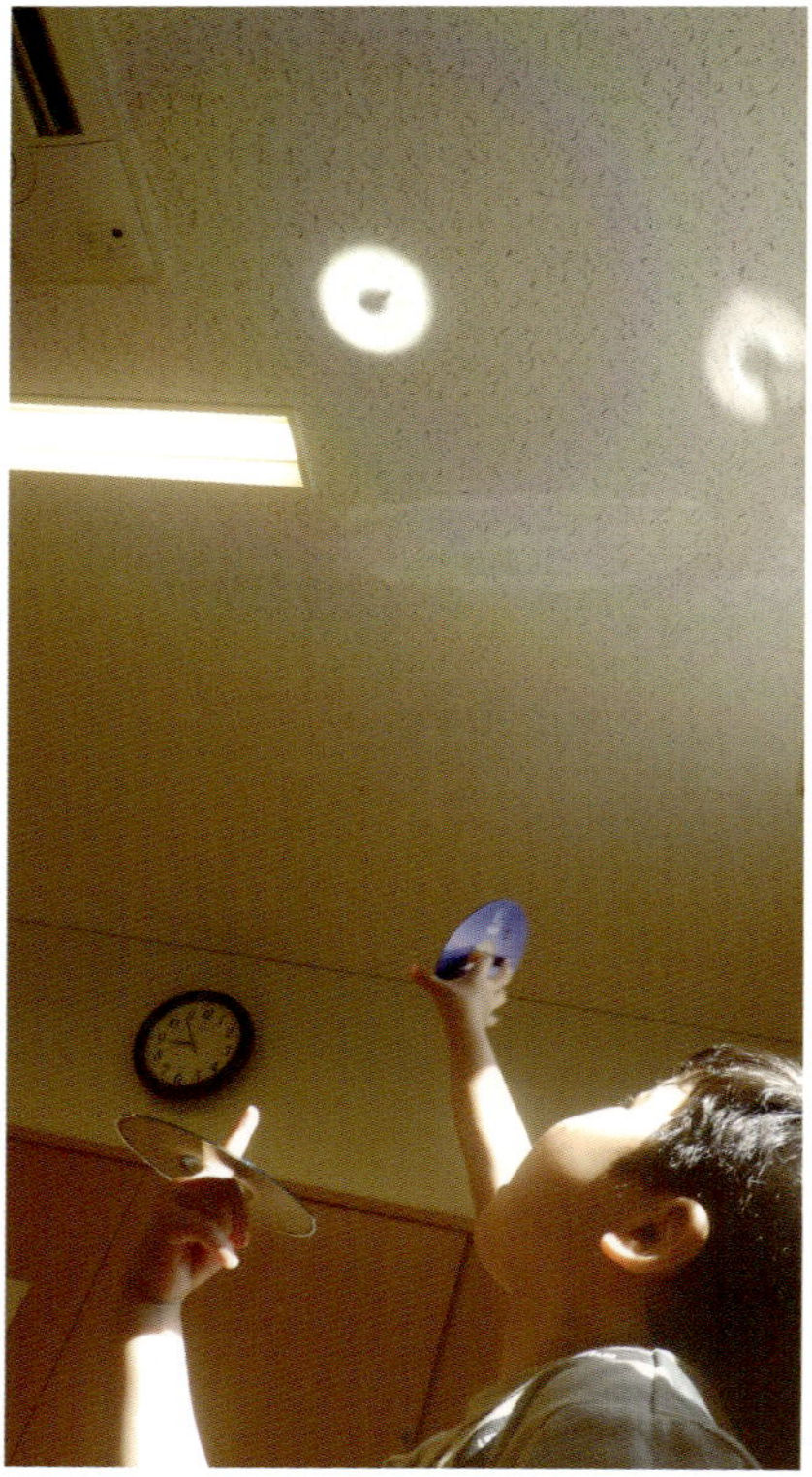

手に持ったCDを動かすと天井に浮かぶ光も動くことに気づいた。それを聞いてほかの子どもも集まってきて…。「虹が映った！」「見て、あんなに遠くまで行っちゃった！」「こっちに隠れているよ！」

釣れそう!!

外でも釣り竿を手に、魚釣り。「大きいのが釣れそうなんだよ!」「いま、えさをつけたところなんだ」

ビニールシートの海、海を泳ぐ魚、人魚になった自分…いろいろなイメージが重なって、楽しさが広がる。

イメージの世界を自由に広げて

人魚になりたいという子どもたちがいたので、保育者が「海があるよ」と青いビニールシートを出しました。「ここでどう?」と場所を提案すると、子どもたちはすぐに遊び始めました。

「ここは人魚姫のおうちなの」と、人魚になりたい人は体に布を巻いたり、スカートをはいたり。つなげると舞台にもなる小さな台を陸地に見立て、「海で泳ぎましょう!」と言って、陸地から海へ飛び降ります。

海ができると、「魚がいなきゃ!」ということになり、魚作りが始まりました。魚がたくさんできると、今度は魚のための海を作ることに人気が集中。

翌週もこの遊びを子どもたちは覚えていて、「私、人魚姫だから海が必要なのよ!」と、青いビニールを広げると、たちまち人魚の世界を楽しんでいました。

別の時間には、いすを並べた車作りを楽しんでいる姿もあり、日によって、時間帯によって、子どもによって、保育室にはさまざまな遊びが生まれていました。

4歳児の姿と遊び

やってみたいこととできることが重なってくるようになってきました。友達とのつながりも広がってきて、楽しく遊んだり、興味を持ったことにくり返し取り組んだりする姿も見られます。それぞれの姿を見逃さず大切に援助していきましょう。

4歳児クラス

自由に展開する遊び 豊かに広がる会話

広場のあちこちで見つけたものを、お店まで運んできてくれる人たち。「これは、紫だから、ブドウってことにしよう！」「これは、何だかポップコーンみたいじゃない？」とイメージを膨らませる。

お店ごっこ

春、散歩先のグラウンドで、たくさんの木の実を発見しました。集め始めると、いろいろな種類があることに気がついて、「これはタマネギみたい」とか「こっちは、チョコ」など、イメージがわいてきたようです。集めた実を載せるために大きめの葉っぱを持ってきて並べると、何だかお店屋さんのような雰囲気に。すかさず、「ここはお店屋さん！」とお店ごっこを始めた人たち。そのうち人が増えてくると、「役割を決めたほうがいいんじゃない？私は料理の手伝いをするよ」「私もお手伝いがいいな」「じゃあ、私はお客さんを呼んでくる人！」「ぼくは、お店を守るネコになる！」と、いろんな役割が決まっていきました。客を呼びに行く役割の人のおかげでお店は大繁盛！

翌日もロッカーに入れてあった木の実や木の枝を持って広場へ向かい、さっそくお店を広げます。ベンチを運ぶ人、材料を見つけて運んでくる人など、それぞれがやりたい役割を見つけて、お店ごっこを楽しんでいました。

移動販売車も！

花壇の植え替えの手伝いのあと、抜いた花を集めて色水を作ったり、お花屋さんをしたり。自分たちでミニブーケを作ると、ほかのクラスや職員にも届けたくなった様子。「きれいなものがあるとうれしいでしょ？」と、手押し車に載せて出発！

「脱皮してる！」「うんちも大きくなったね」「小さいのは、まだ触らないであげようよ」と、カイコの気持ちになって、大切に育てる。

カイコのえさ「桑の葉」のにおいを嗅ぐ。「あー、いいにおい！」「でも、なんで桑の葉しか食べないの？」

「カイコ」がやってきた！

6月、クラスにカイコがやってきました。カイコの食べものが「桑の葉」だけだと知ると、「なんで桑しか食べないの?」「桑が一番おいしいんじゃない?」「そうそう、ほかのは全部、まずいって思うのかも」「ひとつしか食べられないの、つまらないね」と、子どもたちが、考えを伝え合います。それからは、桑の葉を持ってキャンパス内を歩き、桑の葉がある場所を探しました。

そのあとも、カイコを育てたい、という思いから、大切にカイコにかかわる姿が見られました。「カイコがうれしいことは何だろう?」と考えたり、大きくなっていくのを喜び合う姿がありました。

「これ、何だろう？」

葉っぱや地面に虫メガネを当てて観察。散歩に出ると、すぐに何かを発見する子どもたちです。ビニール、ギザギザの落ち葉、キノコ、ドングリ、ダンゴムシ、トカゲ、きれいな石など、この日もさまざまな発見が！

草の上で側転したり寝てみたり。ここはとても居心地のいい「草の家」なのだそう。

たくさんの出会いの中でやってみたいが芽生える

子どもたちはキャンパス内の広場が大好き！　春は生きものたちや草花などの自然に囲まれ、やってみたいがどんどん発揮されていきます。ひとりでじっくり。友達と一緒に。身のまわりのもの、ひと、ことと出会い、かかわり、世界を広げています。

子どもたちと散歩に出かけると「いいもの見つけた！」と、その場に立ちどまりじーっと何かを見ていたり、触ったり、何度も動かして見てみたり。生きものを見つけたときは、飼うことにチャレンジしたりもします。何かを見つけたら、まわりの人に「見て見て！」と見せてくれるので、大人も一緒になってワクワクしてきます。

子どもが見ている世界を大人も一緒に見て、そのときの子どもの心や願いに思いを寄せていると、見えてくるものがあります。散歩は目的地に行くことが散歩ではなく、途中寄り道したりしながら歩くことが楽しいのです。

「いいこと思いついた！」

友達と一緒に工夫しながら、坂を作って車を走らせる子どもたち。このあと転がりやすいものを探して「転がす遊び」に変化していきました。子どもたちの声に耳を傾けていると、「いいこと思いつい た！」という言葉がよく聞こえてきます。子どもが始めたことを大切に、そのことを保育者も一緒に楽しんでいます。

自然の恵み、「食」の楽しみ

キャンパス内の広場にプラムが実りました。まだ緑色の小さかったころからずっと観察していて「もっと赤くなってきたね」「ちょっとだけ赤くなってきたね」と、楽しみに待っていました。ついに「そろそろ食べられそう！」と、収穫して味見をし、大事に園に持って帰ります。「そのまま食べるのもいいけどジャムを作ってみたい！」と、栄養士の先生にも相談しながら作ることに。種を取ってつぶし、コトコト煮ます。いいにおいが部屋中に漂って、いろんな子がお鍋の中をのぞいては「おいしそう！」とうれしそうです。

一人ひとりの子どもがおもしろがっていること、知ろうとしていること、こだわっていることが、不思議がっていたり、こだわっていることが出発点となって自分なりに表現したり、仲間と一緒に感じ合って楽しんでいます。

保育者は、子どもがし始めたことや、感じたことを大切にし、そばで耳を澄ませて見守ったり遊びを支えながら、さまざまな対話や表現が生まれてくる環境を工夫しています。

よく洗って、プラムの種を取っていく。「ぷにゅ〜って感じだね」「やわらか〜い」と、その感触も楽しい。じっくり煮込んだあと、甘くておいしいプラムジャムが出来上がり！

給食をパックに詰めてピクニック

ときどき、給食をパックに詰めて外でピクニックランチをします。この日は5歳児の分もおにぎりを作ったり、おかずをパックに詰めたり。自分たちで準備から楽しんだこともあり、キャンパスでは「このおにぎりみんなで作ったよね」「だからおいしいよねー！」と大満足。給食も少しの工夫でいつもと違った楽しさを味わいました。

子どもたちが経験した大事なヤモリ物語

前年度の5歳児クラスが卒園するときに、大切にしてきた生きものたちを4歳児クラスが譲り受けました。

クラスに虫好きが多く、5歳児クラスのところに行っては虫のことを教えてもらっていて、自分たちでも虫を大切に飼っていたので、「それなら、きみたちに」ということになったのです。子どもたちは生きものたちを自分たちに託してくれたことが誇らしく、うれしい様子でした。譲り受けた生きものたちと、それまでクラスで飼っていた生きものとを合わせて、新しく「いきものコーナー」を作り、みんなの大切な場所になりました。

前年度の5歳児が飼っていた生きもの（ハサミムシ、ダンゴムシ、クワガタ、カマキリの卵、ハナムグリ、ザリガニ、熱帯魚など）を譲り受けて作った「いきものコーナー」。

逃げたヤモリを探そう！
その日、ヤモリが逃げ出してキャンパス内を探す子どもたち。

ヤモリが仲間入り
図鑑で調べ、「ニホンヤモリ」であることが判明。コオロギやクモなどを食べることがわかった。

5月、広場で発見したヤモリが「いきものコーナー」に仲間入りしました。ところがその日の夕方に逃げ出し、探しに行ったキャンパス内のテニスコートで見つけたのはトカゲが2匹。「ヤモリの代わりにトカゲを飼おうよ」という声もありましたが、トカゲは動きが素早く、結局、捕まえることはできませんでした。

次の日、逃げたヤモリが5歳児クラスの部屋で見つかりました。「よかった！」とほっとすると同時に、「フタを開けっぱなしにしないほうがいいと思う」「いつも気にして見ているっていうのはどう？」と、いなくならないように考える姿が見られるように。絵を描いたり「やもりいます」「フタをしめてね」と文字を書いた貼り紙をするなど、逃げ出さないための工夫をしていました。

5月の終わり、ヤモリの元気がないことに気がつきました。「何でだろう？」「暑いのかな？」「水をあげたほうがいいと思う」と、子どもたちが集まってきて、それぞれ伝え合っています。

「ヤモリとかトカゲとかばっかり、探し

貼り紙作り

ヤモリが「いなくならないためにどうするか」を考え、絵を描いて貼り紙をする。

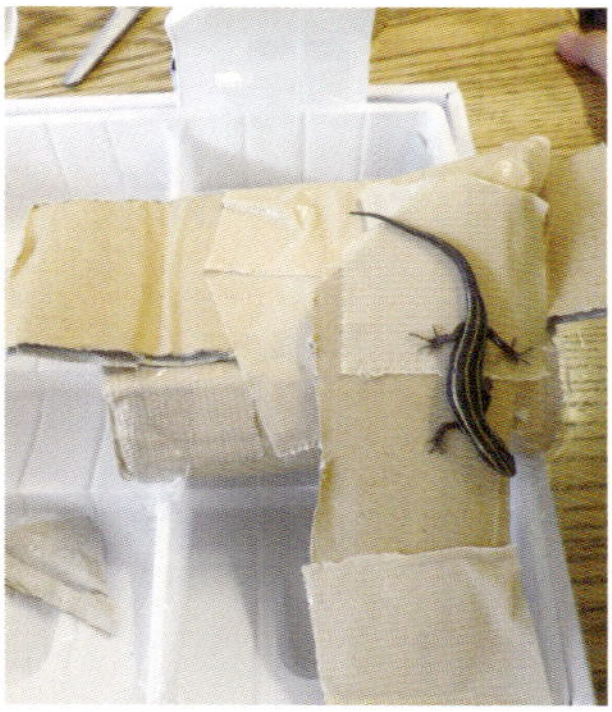

ヤモリ発見！

見つかったヤモリのために、空き箱やスチロール皿で遊び場も作った。

動かないヤモリと子どもたち

偶然、散歩中に出会った「動かなくなったヤモリ」に、それぞれの思いを伝え合う。このあと、ヤモリはそっと草の中へ。「これで、もう踏まれないね」

ているからだよ。えさをもっと見つけたほうがいいと思う」「そうしよう」

その数日後、散歩の途中で、弱って動かなくなったヤモリと出会いました。「かわいそう」「踏まれたの?」「えさが見つからなかったのかな」「涼しいところに動かそう」と思い思いに伝え合います。

この出来事は、クラスで飼っているヤモリやトカゲについても考えるきっかけになりました。

「この前、元気なかったからね。もしかしたら死んじゃうかも」「外に出してあげる?」「まだ大丈夫だよ」「元気になってきたよね」「でも外のほうが、えさはとりやすい」「どこが一番、うれしいかな?」

それまでは、生きものを捕まえること、「いきものコーナー」で育てることに喜びを感じていた子どもたちですが、動かなくなったヤモリに出会って以降は、散歩でトカゲやヤモリを見つけると、「またねー」「えさがあるところに連れていこう」といって自然に返すことも増え、それぞれが葛藤しながらも、自分たちなりに受けとめていく様子が見られるようになりました。

5歳児の姿と遊び

年長クラスとしての自覚や自信も生まれてきます。春は、特に張り切った気持ちになることでしょう。一人ひとりのその気持ちを少しずつ満たしていきながら、みんなで楽しめるような活動を提案していくことも、この時期のかかわり方の大切なひとつです。

5歳児クラス

年長クラスの自覚 みんなで楽しむ喜び

ツツジの花や、ドクダミ、ヨモギの葉っぱなどを紙ではさみ、たたいて紙に色を移す。いろいろ試しているうちに、「摘みたてが一番やりやすい！」と発見！

季節を楽しむ

「やりたい」が広がる

草花集めが好きな子どもたちと、花や葉っぱをたたいて紙に色を移す〝たたき染め〟に挑戦しました。色が出やすいものとなかなか出ないものがあって、まるで実験のよう！　「ほんとに出来るの？」と半信半疑だった人も「きれいな色が出た！」とうれしそうな表情です。

その後、「布にも染められるかも！」と、こいのぼりを染めてみることに。ツバキのきれいな花びらを布でくるんで揉み込むと、きれいな色と一緒に泡も出てきました。ビー玉を使った絞り染めも実験しながら挑戦。これがうまくいったので、今度はみんなでやってみることに。それぞれチームに分かれて話し合いをして、染めるための材料を探しに行きます。

たっぷり集めたら揉んで色出し。「なかなか色が出ないね」「こすってみる？」「強くぎゅってやるといいんじゃない？」と、いろいろ試しているうちにそれぞれのチームで色が出てきました。白い布を入れて「だんだん色がついてきた」と、染まり具合を確認しながら2時間ほど漬け込んで出来上がり。みんなで端を持って、染まった布をパンパンと広げるのも息がぴったりです。

終わったあとは、草花の色水にも興味が出てきた様子で、色水の本をじっくり読む子どもたちもいました。

色出しした水に白い布を入れて、大きな布が染まった！

こいのぼりを作ろう！

グループで染めた布に、さらに花や葉っぱでたたき染めをして模様をつけ、こいのぼりを作りました。4月下旬、いよいよこいのぼりを園庭のロープに！　自分のチームのこいのぼりがテラスから見えると、「あ！　つつじチームのだ！」「うわー！　泳いだ！　泳いだ！」と歓声が。お迎えに来た保護者にも「あれが私たちのチームのこいのぼりだよ」とうれしそうに報告していました。

土を配合してある「親だんご」を4分割して、肥料を入れ、いろいろな種類が混ざった花の種をつけて丸めて完成！　子どもたちには「土が気持ちいい！」と好評だったタネだんご作り。

人とのつながりから次の経験へ

花のことに詳しいTさん（大学職員）が、こども園に遊びに来てくれました。子どもたちから、たくさんの質問が飛び出します。

「バラって種があるの？」「クローバーってどう大きくなるの？」「ペンペン草ってどうやって生えるの？」「地図ってどうやって作るの？」

その後、散歩途中で見つけたペンペン草を観察してみると、Tさんが教えてくれたとおり、ハートの葉っぱの中に小さな小さな種を発見！

「Tさんってすごい！」「ほかにも知っていることあるのかな？」と声があがり、また連絡を取ってみることにしました。

Tさんと話をしているうちに花の種が混ざった「タネだんご」というものの存在を教えてもらい、5月には一緒にタネだんご作りをしてもらえることに。これを花壇に植えると、咲く品種も咲く時期もいろいろで長く楽しめるのだそうです。

興味のあること、知りたいことが、次の遊びや経験へとつながっています。

野球ごっこが始まる

憧れの5歳児クラスに進級したてのころは、「いろんなことをやってみたい！」「おれたちいちょう（5歳児クラスの名前）だから！」というような気持ちの高まりが、子どもたちからは感じられました。

そんなころ、Dくんが用具庫の中からカラーボールとグローブを見つけてきました。野球好きのDくんは、「素振りをしてみたい！」といって、何本かの割りばしのまわりを新聞紙でくるんで本物のようなバットを作り、保育者との野球遊びが始まりました。保育者がボールを投げてDくんが打つ、という遊びです。

しばらくすると、「自分もやってみたい」という子どもが出てきました。そこで、保育者が投げたボールを順番に打つという遊びに変更。すると今度は「自分も投げてみたい」という子どもが出てきて、遊びは「ピッチャーをやりたい人」「バッターをやりたい人」に分かれて、打ち合いっこのような遊び方に変わっていきました。

友達が入ってくると、「バッターとピッチャー、どっちがいい？」「ピッチャーがいて、キャッチャーもいるんだよ」などと、野球に詳しいDくんが、野球のことや遊び方を伝える姿も見られました。次第に「おれ、言う人ねー」と言って審判役をやりたい子や、キャッチャー役をやりたい子も増え、野球遊びは連日、盛り上がりを見せるように。

「投げる人」と「打つ人」で始まった遊びに「審判」が加わったころ。投げる人＝ピッチャーは順番待ちの子どもも。

多いときは、10人ぐらいがこの遊びに加わるようになり、順番待ちの列が長くなってきました。そこで、保育者が「一塁に走ってみようか」という提案をして、遊びに「打ったら走る」という要素が加わりました。

6月になると、この遊びがたくさんの子どもたちに広がり、ついには2チームに分かれて遊ぶように。「おおー！　打ったー！」「いけいけー！」とチームの仲間を応援しながら、気分はもう野球選手の子どもたちです。

遊びの人数が増えていき、少しずつ試合のような遊び方に展開していった。

ついに出来上がり！　三温糖とグラニュー糖のウメジュースを飲み比べ。「色が違うねー！」「色が濃いほう（三温糖）のほうがすっぱい！」

へたを取っているときに香ってくるウメのにおいに「うわー！いいにおい！」と声があがる。三温糖とグラニュー糖で漬けて、その変化や味の違いをみるのも楽しみのひとつ。

2種類のウメジュース作り

6月初旬、ウメの実がたくさん実るころ、栄養士のK先生と一緒にウメジュース作りをしました。毎年、このウメジュースを5歳児クラスが作って、3歳児・4歳児クラスにも振る舞います。これまで振る舞ってもらっていた子どもたちからは、「やっと作るほうになれる！」という意気込みが感じられました。

ウメジュース作りは、ウメのへたを取ることから始まります。そのウメをふたつの瓶に入れ、ひとつには三温糖、もうひとつにはグラニュー糖を加えて、あとは漬ける工程です。

「あと何日寝たら出来上がるの？」と、先生に聞き、みんなでウメジュースカレンダーを作りました。

「先生！　ウメジュース、変わってたの見た？」と、玄関先に置いてある瓶を毎朝チェックしては、三温糖やグラニュー糖が溶けて液体になっていく様子を伝えてくれる子どもたち。「あと、○日でできるからね」と、3歳児・4歳児クラスに報告に行く姿も見られます。

2週間後、念願のウメジュースが出来上がり、2種類のウメジュースの色や味の違いを味わいながら飲んでいました。

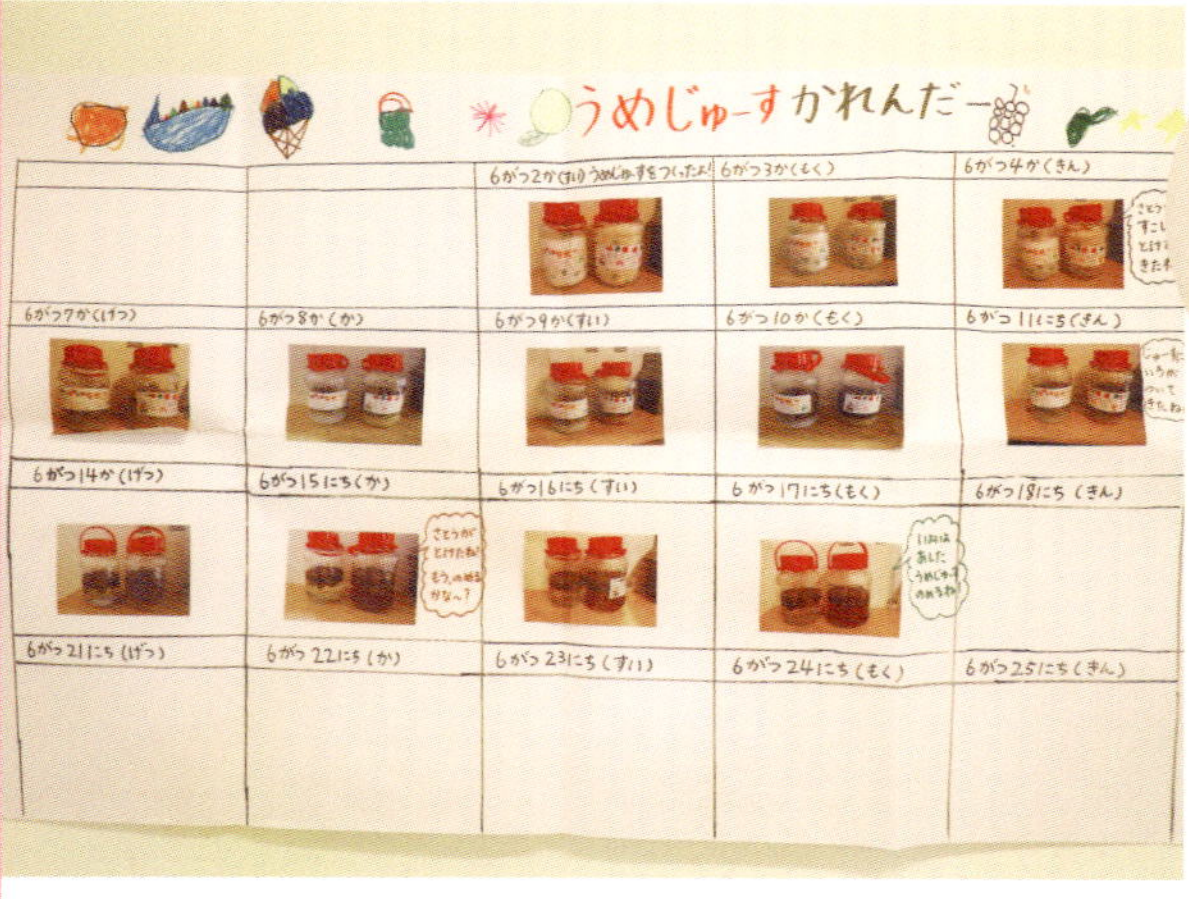

三温糖とグラニュー糖で漬けた２種類のウメジュースを毎日観察して、ウメジュースカレンダーに写真を貼っていく。その日の記録をつけるごとに、ワクワクが高まる。

「ほんとにゼリーになるのかな？」「食べられるのかな？」などと話をしながらたくさんのタンポポを摘んで園へ。花びらを取ってから、栄養士のK先生と一緒に鍋で煮ていく。「だんだん色が黄色になってきたね！」

ひとりの「やりたい」をみんなで

「タンポポゼリーを作ってみたいんだけど、みんなはどうかな」

4月のある日、Aちゃんが家で作ってきた〈やりたいことリスト〉を「みんなの時間」で話す機会を持ちました。そのうちのひとつが、タンポポでゼリーを作ること。

「本当にタンポポでゼリーができるの？」「いいね、作ってみよう！」と対話が広がり、タンポポがキャンパス内のどこにあるかを話したり、作り方をAちゃんに聞いたりして、みんなで作ってみることになりました（じつはすでに、Aちゃんはタンポポゼリーのレシピを栄養士のK先生に渡して交渉済みでした！）。

タンポポを集め、花びらだけを取って洗っていると「ふわふわ」「ほわほわだよ」「なんかおいしそう」。花びらを取ることにも楽しい発見があります。鍋に入れて煮ていくと、煮汁が黄色くなってきて、食べられる感じが漂ってきました。子どもたちも、ちょっとホッとしたり、喜んだり。K先生がそれをゼリーにしてくれて、みんなで味見を楽しみました。

そのあと、4歳児クラスの子どもたちにタンポポゼリーをどうやって作ったかを話していたAちゃん。Aちゃんは自分がやりたいと言ったタンポポゼリー作りで、みんなが喜んでくれたことが一番うれしかったのだそうです。

同じ重さになるには？

子どもたちの日々の遊びの中には、さまざまな発見があります。ある日の広場では、偶然見つけた木の板でシーソー遊びが始まりました。木の板が真っすぐになる、同じ重さになるにはどうしたらいいのかを友達と試行錯誤しながら考える子どもたち。疑問を持ち、自分でいろいろと試し「わかった！」「こんな感じ！」「できた！」と感じて、さらに興味を広げるような深い学びを大事にしていきたいと思っています。

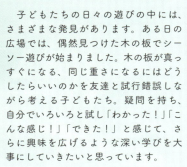

異年齢のかかわり

居心地のいい場所を見つけて

当たり前の暮らし

3・4・5歳児はオープンスペースで一緒に生活しています。それぞれのクラスでスペースは分かれていますが、自由に行き来し、いつでも、どこでも、だれとでもつながることができます。

4月、5歳児クラスのスペースにソファがやってきました。すぐに、3・4歳児も集まる人気の場所に。ごろごろしてみたり、おしゃべりしたり、そのうち、おままごとが始まったり。近づいたり離れたり、自分で決めて自分でかかわる。それがオープンスペースという場所での、当たり前の暮らしになっているように思います。

生きもの博士登場

「いきものコーナー」で動かないザリガニを見てビックリの子どもたち。そこに5歳児クラスの生きもの博士がやってきて、死んでいるのではなく、脱皮だと教えてくれました。子どもたちもホッとひと安心！

居心地のいいソファで、この日は5歳児クラスの子どもたちが作った〈遠足の思い出〉を見ながらおしゃべり。3・4・5歳児が一緒に遠足のことを感じながら、楽しんでいた。

頼れる存在、頼りになる存在

3月までこのフロアで一番小さかったのに、4月からはもっと小さい人が入ってきて、「大きくなったぞ！」となんだかうれしそうな4歳児クラスの子どもたちです。「こっちまで連れてってあげようか？」「ここで遊んでもいいよ！」と年下の子どもにやさしく声かけする姿も見られました。

小さい人にとっては頼れる存在になっても、まだまだ知らないこともあります。そんなときに頼りになるのが5歳児クラスの人たち。すぐに頼れる存在がいるという安心感もあります。

手をつないで

3歳児クラスの新しい遊具（道）は、初めてだとちょっとドキドキ。「去年やっていたから」と手をつないで一緒に歩く4歳児クラスの子ども。

3・4・5歳児クラスの春を振り返って

安心できる人やもの、場所を支えにして、新しい生活を始めていった子どもたちの姿を紹介しました。２歳児クラスから進級した子どもたちと新入児が一緒になって始まった、３歳児クラスの生活の初々しさは格別です。電車ごっこをしたり、シートの上でゴロゴロしたり、それぞれのあり方を大切に受けとめる保育者のかかわりが、子どもたちの安心の基盤になっています。そのような中で、光や水の流れを不思議に思って追いかけている姿がありました。身近な生活の中にある小さな「？」が子どもたちの心をとらえています。それを見逃さない保育者の目が大切です。

４・５歳児クラスでは、身近な自然に触れて遊びや生活を作り出しているエピソードから、子どもたちの豊かな姿が浮かび上がってきます。子どもたちの中に芽生えた「やりたい！」気持ちを受けとめて、保育者も知恵と力を出して、子どもたちの「やりたい！」を応援していきます。子どもたちと作るウメジュースやタンポポゼリーなどは、この季節ならではのメニューです。季節とともに歩む保育の大切さを感じます。

３・４・５歳児クラスでは異年齢のかかわりの中で育ち合う姿を、１年間を通じて実践から紹介していきます。（宮里）

散歩先で出会ったダンゴムシになりきる。みんなで一緒に楽しみながら「自分もクラスの一員なんだ！」と感じられるような時間を大切にしていた３歳児クラスの春。

0・1・2歳児クラスの夏

梅雨が終わり、キラキラと日差しが輝くと、「夏が来た！」とうれしくなります。特に、子どもたちの喜ぶ顔を想像しながら進めていく水遊びの準備ほど楽しいものはないと、いつも思います。

0・1・2歳児の水遊びは、室内との行き来がしやすい保育室前のテラスで。自分のペースでゆっくり楽しめるように、遊びたくなった子からテラスに出て遊べるようにしています。

子どもたちにとって水はとても魅力的。水遊びをとおして子どもたちが体験するのは、水の不思議や心地よさ、おもしろさです。それを、だれかと一緒に味わい、驚いたり笑ったりする中で、人とかかわる力も育まれていきます。

夏野菜がぐんぐん育ったり、セミの声に驚いたりなど、この季節ならではの自然との出会いがあり、日なたの暑さと日陰の涼しさなど体で感じることもたくさんあります。暑さ対策や安全面への配慮を十分にしたうえで、夏ならではの遊びを存分に楽しみましょう。

（宮里）

0歳児の姿と遊び

園生活にも慣れてきて、活発に動き出すようになってきました。水や寒天などに触れて感触を楽しむ子どもたちの表情は真剣そのものです。新しい出来事を前にして心が動き、手を伸ばす…。少しずつ少しずつ、それぞれの歩みを大事にしたいですね。

0歳児クラス

初めての夏を安全に伸び伸びと過ごす

手作りの本棚（写真中央）。数ある絵本の中から自分で選び、手に取って読む姿が見られるように。友達が絵本を読んでいることに気づくと、そっと隣に並び、一緒に絵本を見る姿も。

室内遊びを楽しめる工夫

それぞれの思いを丁寧に受けとめて、〝楽しい〟を一緒に感じる日々を大切に重ねていく中で、子どもたちは前向きに園生活を過ごすようになってきました。スピードのあるハイハイをするようになったり、柵を使って〝よいしょ〟と立ち上がってみたりしています。自分の気になるものに手を伸ばしたり、喃語《なんご》や表情で自分の思いを保育者に伝えたりと、自分らしく活発に遊ぶ姿が見られます。

日々、目まぐるしく発達している子どもたち。夏場は日中戸外で遊ぶことができないので、室内遊びが充実するように保育室の環境を工夫しました。また、子どもたちの視線の高さに絵本の表紙が見えるように絵本棚を設置してみると、これまで以上に、絵本を手にする機会が増え、自分でページをめくり、じっくりと読んだり、保育者や友達と一緒に絵本の世界を楽しむ姿が見られるようになりました。0歳児にとっての〝見やすさ〟〝手の取りやすさ〟を考慮しながら環境を設定する大切さを改めて感じました。

楽器を楽しむひととき

縦笛やアコーディオンなど、気軽に奏でられる楽器たちも大活躍！　保育者の演奏と歌に合わせて、体を揺らしたり、手をたたいたり、声を出してみたり。楽器のそばに駆け寄り、リラックスしながら歌や音を楽しむひとときは、子どもにとっても保育者にとってもうれしい時間になりました。

夕方の遊びは「気分転換」も大切に

気温が下がらず、夕方の散歩ができない日もしばしば。気分転換しながら午後の時間も心地よく過ごせるように、夕方になってから登場させる玩具をいくつか用意しました。そのうちのひとつ、たくさんの風船を圧縮袋に入れた手作りトランポリンは太鼓のようにたたいたり、ハイハイのまま“よいしょ、よいしょ”と運んだり、さまざまな使い方で、よくかかわり、遊んでいました。

夏らしいアイデア玩具が大人気

夏らしさや涼しげな雰囲気も大切にしたいと、子どもたちの頭上に平ゴムでビーチボールを吊るしました。四方八方に揺れるボールを追いかけたり、ボールを持って引っぱれるところまで引っぱってみたり…と大人気の玩具に！

最初は玩具を介して、水に慣れていく子どもも。

玩具を介して水に触れるうちに、水そのものに触れる気持ちよさを楽しむように。自分でシリコンの水鉄砲を水に沈めて、ボコボコと浮いてくる空気を一心に見つめる姿もあった。

初めての水遊び

水遊びは衛生面の配慮から、小さいタライをいくつも用意して、ひとつのタイにひとりずつ入って遊びます。

部屋の窓から見えるテラスにマットを敷き、ぬるま湯を張ったタライを準備していると、興味を示した子どもが窓際にハイハイで近づいてきました。「何してるの？」「これはなあに？」と目を輝かせる姿からは、「これから何か楽しいことがありそう」と、ワクワクしているような気持ちが伝わってきます。

テラスに出ると、大きなタライに自分から手を入れてそっと水に触れる子もいれば、初めての水（ぬるま湯）遊びに戸惑い、不安な表情で保育者を見つめる子もいます。そんな子は無理に触れさせるようなことはせず、ジョウロから水を出して見せたり、保育者が水に触れる姿を見せたりと、それぞれのペースで、水に触れる機会を作っていきました。

慣れてくると、遊びも大きくなっていきます。顔に水しぶきがかかることがおもしろいようで、自分で顔を近づけなが

ジョウロから出てくる水に触れ、やがてあることを「発見」！　ジョウロの口に手を当てたり離したりして、水を出す、とめる…をくり返し、いないいないばあのように遊んでいた。

ら水面をたたき、大きな口を開けて笑う子も。そのうち、バケツや小さなジョウロなどの玩具を子どもの手の届く場所に置いてみると、玩具に気づいた子が、次々にタライの中に入れていき、水に浮かんでゆらゆら揺れる玩具を見てにっこり。上から押してみたり、持ち上げてもう一度水に落としてみたり…をくり返していました。

何だこれは！

ジョウロから出てくる水に興味を持つ子もいました。次第にジョウロの口の部分に目をやり、「あれ、これはここから出ているの？」というような不思議そうな表情に。そこに手のひらを当てると水が止まり、手を離すとまた水が出てくることに気づいたようです。「何だこれは！」「いいこと発見した！」という声が聞こえそうな表情で、うれしそうに保育者を見る姿がありました。０歳児なりに、さまざまな角度から水に触れ、発見を楽しんでいる姿に、保育者自身が衝撃を受けた出来事でした。

丁寧に子どもの反応を見守る

保育者と1対1、2対1という少人数で初めての水遊び。保育者と一緒に見て、触れて、感じながら水との出会いを楽しむ姿が多く見られました。「何だかキラキラして見えるね」「ピシャピシャって音が聞こえるね」などと言葉を添えながら、子どもの反応を見守ります。

水との距離感は子どもそれぞれ

水にそっと触れてみる子もいれば、体に水（ぬるま湯）がかかる感覚を楽しむ子も。室内にいる子どもも、水遊びの様子に興味津々。室内からガラスに流れる水滴を追う姿も見られました。

室内でも水の感触を楽しむ

水遊びが終わったあとも、室内で水の感触を味わえるようにと、玩具を製作。水を運ぶビニールパックに、水とカラーフィルムを入れました。

形が変わっていく不思議！
自分が触ることで形が変わることに気がつくと、子どもたちが自由に遊び始めた。それを見届けたら、保育者はしばらく遊びを見守る。ゼリーに指を押し込んでみる、手で握る、手のひらで押してつぶれる感触を味わう、両手で混ぜる…。そのうちに、腹ばいになってゼリーの海に飛び込むように遊ぶ姿も！

感触の違いに…
手に持ち、反対の指でなぞるようにしながら、ふたつのゼリーを交互に触る。そのあと、弾力のあるアガーのゼリーが好みだったようで、頬に当てて、感触を楽しんでいた。

少しずつ距離を縮める
こぼれ落ちて足に触れた部分から、ゼリーとの触れ合いが始まる。素材と触れ合うのもそれぞれのペースで。

ひんやりの感触を楽しむ

水遊びに慣れてきたころ、ちょっと楽しい演出をしようと考え、ゼリー遊びをすることに。寒天とアガー、硬さや感触の異なる2種類のゼリーを用意し、色、形（円筒形、直方体）も工夫しました。

最初に出したのは寒天ゼリー。保育者がそっと触れてみせ、「ひゃぁ、冷たい！」と驚いて声にするなどしながら、きっかけを作ります。すると、同じように手を伸ばして、触れてみる姿がありました。指先でつつくと、さくっと亀裂が入るように崩れ、そのことに気づくと、子どもたちが自由に手を伸ばして遊び始めます。次に出したアガーのゼリーは、プルンと弾力があり、その感触の違いに気づいて、感触をじっくり楽しむ姿もありました。

はじめは尻込みしていた子も少しずつ距離を縮めて寄ってきました。保育者の手にゼリーをのせ、一緒に触ってみるなど仲立ちをすることで、全員が楽しむことができました。暑い季節を楽しむゼリー遊びで、クラスの一体感も増したように感じました。

1歳児の姿と遊び

水と砂、土が混ざり合うことで変化する様子が子どもたちの心をとらえます。手を活発に動かして、そのものを理解しようとする探索的なかかわりが随所で見られます。どれもが、とても大切なアプローチです。

1歳児クラス

気づいて、発見して 心地よさを味わう

ジョウロを持っている友達に「水、かけてよ」とリクエスト！「いくよー！」「それー！」「キャー」「キャハハ」と楽しそう。

多様な感覚で夏を味わう

どこからともなく聞こえてくるセミの鳴き声、あたりに漂う蚊取り線香の香り、ギラギラと輝く日の光に目を細めながらも何だかウキウキ楽しい気持ちになる夏。

子どもたちが登園するころ、テラスからは水遊びの準備をする「ジャー」という音が聞こえてきます。「あっ！　水！」「早く行こう！」とその音に耳を傾けながら、支度をして外へ。勢いよく水に手を入れて遊び始める人もいれば、遊ぶ玩具を探す人、まわりの様子をじっと見ている人…水との出会い方もさまざまでした。「冷たい！」「気持ちいい！」「バシャバシャ！」「もう1回！」といろんな声に耳を澄ませながら、一緒になって心を解放して遊ぶのは何とも楽しい時間です。

また、夏は野菜もグングンと成長する時期。こども園の畑でもたくさん野菜が育ちました。朝や夕方に畑に遊びに行くと「水あげる」と言いながら、ジョウロで水をあげる子どもたち。「ツルツルしてる」「赤、あった！」「ちっちゃい」と気づいたことをつぶやきながら楽しんでいました。収穫した野菜を目の前で切ってもらうと、「いいにおい」「食べる！」と目を輝かせていました。ミニトマトが苦手だった子も手を伸ばしパクリ…「おいしい！」といい笑顔に。

一つひとつの生活がつながる楽しさや喜びを、子どもたちから改めて教えてもらったような気がします。

水の底に「プニプニ」「ペタペタ」を発見

水遊びをしているうちにできた大きな水たまり。思い切り足踏みしたり、手を水の中で動かしてみたり。遊んでいるうちに、水の底に泥がたくさんあることを発見。「プニプニ」「ペタペタ」と言いながら触ったり、握ってみたり、容器に詰めたり、全身で泥遊びを楽しんでいました。

はだしで感じる、泥の感触

地面にできた泥を、全身で感じています。泥の上にすわり込んで、ゆっくりと手を伸ばしたり、泥の中で手や足を動かして、水や泥の動きを見るのも楽しい様子。はだしで、素手で、触れるひんやりとした感触が気持ちいい！

砂遊びに、水が加わると…

園庭での砂遊びも、夏の楽しみ。地べたにすわって、全身で感触を味わいます。水遊びの水が流れてきて、泥遊びも始まりました。

全身を濡らしながら水の心地よさを感じる

透明な水面をたたいて水しぶきを楽しむ子どもたち。はねる水の様子を見たり、手や顔にかかる水を感じながら、全身びしょ濡れに。ひんやり心地よいのは、夏ならでは！

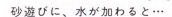

水の様子をじっくり見る

気温や湿度が低いところ、風通しがいいところを探して遊ぶ場を作ったり、園庭では、まんべんなく水をまいたり、頭上からは常時ミストが出るようにして、涼みながら遊ぶことを心がけました。

水遊びでは、ジョウロやバケツ、水鉄砲やスポンジ、カップやボトルなどの容器などを準備しました。

最初は、タライの中に、自分からポチャンと入ったり、水をかき混ぜたりしながら水の感触をじっくりと楽しんでいた子どもたちですが、次第に道具を使って遊ぶ姿が見られるようになりました。水遊び用のいくつかの玩具を用意していましたが、中でも印象的だったのが、透明の容器を手にして遊ぶ子どもたちの姿です。透明カップでタライから水をすくったり、透明のバケツに水をくんで花びらを浮かばせてみたり、見つけたセミの抜け殻を透明カップに入れて、お風呂に見立てている子もいました。

容器に入った水を確かめるように、容器を持ち上げて下から眺める姿もありました。どの角度からも水を楽しめる透明カップは大活躍で、この時期豊富にあるといいなと思ったもののひとつです。

透明カップでタライの水をすくって、バケツに入れる。カラフルな色のついた水遊び用の玩具よりも、透明カップが大人気。

セミの抜け殻を水の入った透明カップに入れて、「お風呂、気持ちいい？」と声をかける姿も。そのほかに、水の中に花を入れてみる様子もあり、子どもたちの中で、さまざまなイメージが広がっていることを感じた。

透明の容器に水を入れていく子どもたち。容器の中の水が増えていく様子がわかるのがおもしろい！　水をいろんな角度から見られることも楽しさの理由のよう。

感触を楽しむ

夏になり、園での生活にもすっかり慣れた様子の子どもたちです。信頼する保育者と一緒にいる安心できる環境で、友達や年上の子どもたちとの関係も広がっていきました。

虫との触れ合いも楽しい時間です。最初は保育者の手の中にいる虫に手を伸ばしていた子どもたちですが、慣れてくると、保育者がいなくても自分たちだけで積極的に触れ合おうとしています。

収穫したジャガイモをジャブジャブ！

こども園の玄関前で育てている野菜が実り始め、「キュウリがあったよ！」「ミニトマトがあった！」と子どもたち。毎日水やりをして成長を見てきた野菜は別格に感じたようで、味見をした日は「おいしい！」と夢中で食べていました。

絵の具遊びも自分のペースで

壁や床に置いた紙に手や足でペタペタ。スタンプのように使えるたんぽも用意して、自分のペースで絵の具遊びを楽しみます。

地面を歩くアリを発見。「いたよ！」とうれしそうに声をかけながら、よく見て狙って手を伸ばす。保育者と一緒にアリを追いかけたときと同じようなしぐさで、子どもたちだけでもアリに手を伸ばしていた。

自分でやってみたい！

「何でも自分でやってみたい！」

そんな気持ちが、子どもたちの中に生まれてきました。子どもたちは、言葉や行動、視線でそのことを伝えてくれています。保育者は子どもたちのやりたいことを見守ったり、支えたりしながら、気持ちに寄り添います。やりたいことがうまくいったときは、一緒に喜び、うまくいかなかったときは、一緒に困ったり残念がったり。その瞬間の子どもたちの気持ちに共感して過ごしています。

友達を見て「自分も」やってみたい！

自分で木に登ってみる友達の様子を見て、「自分も！」と挑戦する子どもも。「順番ね」と言いながら待ちます。

「〇〇ちゃんが！」と、自分が押したいといって、力いっぱい手押し車を押す。動かないと「せんせ！」と呼んで、手伝ってほしい気持ちを伝える。

ブロックの中に「自分が」入っちゃった！

ブロックを長くつなげていると、自分の体のまわりを1周していることに気づいたようです。何か思いついたように立ち上がり、足のまわりにブロックを巻きつけ始めました。しばらくすると、足のまわりにブロックの円が完成！「見て見て！」「入っちゃった！」とおもしろくて仕方がないといった表情で発見を教えてくれました。

おもしろいこと発見！

　子どもたちの遊びを見守っていると「わぁ！　すごい！」「その発想、おもしろい！」と想像を超える楽しさと出会います。子どもたちもおもしろいことと出会うと、「見て見て！」「これ」とうれしそうに教えてくれるようになりました。

　子どもたちが発見した「おもしろいこと」の中でも「これとこれが組み合わさると…こんなことになるの！」と驚いたのが車とブロック！　まさかそんな狭いところに車が入り、そのうえ、積み重ねることで立体駐車場のようになるなんて…とビックリ。子どもの発想力と柔軟な心、そしてやってみようと挑戦する姿勢に驚きと新たな発見をもらう毎日です。保育者も子どもの目線になりながら、自分の固まっている枠から飛び出してみると、何か新しい「おもしろい」と出会えるのかもしれません。

積み重ねたブロックの中におもちゃの車がピタッと入ることを発見して「入った！」と大喜び。

「一緒」が楽しい！

　いままでは近くにいる友達の存在を感じながら、一緒の場所で遊んでいた子どもたち。このころになると「○○ちゃんと一緒がいい」「○○くん、一緒に行こう」と少しずつ友達を意識するようになり、一緒に遊ぶことも増えてきました。

　同じものを身につけたり、手に持ったりすることで遊びが始まるときもあれば、目が合うだけで遊びが始まるときもあります。心と心が通じ合った瞬間に見せる喜びに満ちた表情を見ると、まわりで見ている人たちも「私も…」と一緒に遊び出したくなります。心が動くと体も動く…じっくりと自分の好きなことに没頭したり、人とかかわり合ったりする中で、豊かな心を育む子どもたちです。

「一緒に電車乗ろうよ」「いいよ！行こう！」と言葉を交わし、うれしそうに出発！

ふと目が合い、うれしそうに笑い合うと、バラバラだった押し車の向きを同じ方向に変え、並んで押し始めたふたり。

2歳児の姿と遊び

水遊びに石けんが加わると「洗濯ごっこ」というイメージが出てきました。小さな手で洗濯や水洗いをして干していく、という動きは、本物を使った楽しいごっこ遊びになります。遊びの中で、何にでもなりきれる子どもたちの遊びに世界が広がっていきます。

2歳児クラス

多彩に広がる遊びの世界

おままごとの食器を洗う様子は、真剣そのもの！

感触遊びを思い切り！

暑さの厳しい日が続いても、子どもたちは元気いっぱい。日々笑顔で何かやりたい思いにあふれています。

絵の具、色水、泥んこ、水、泡、寒天ゼリー…。ひんやりを感じることもできるたくさんの感触遊びを用意して、一人ひとりが好きな遊びを見つけ、自分で楽しめるようにと願いを持ちました。

泥んこ遊びでは、両手両足で泥を押して進み、「ふわふわだ！」と、その感触と重さを味わう姿も見られました。泡遊びでは、普段使っているおままごとの食器や布おもちゃを洗って、洗濯ごっこを楽しみました。泡で洗って水ですすいで、絞って干す姿は、まるで小さなお母さんお父さんのようです。日々の生活の中で、大人の姿をよく見ているのですね。

洗い終わった洗濯物を、忙しそうに手を動かして洗濯ばさみで吊るしていく子どもたち。干し終わると次の洗濯へ。

自分の好きな色で

オレンジ色のクレープ紙の小片から色がしみ出た水に両手を入れると…「手がオレンジになっちゃったー！」と発見！（左の写真）。自分で食紅の色を選んで楽しんだ色水遊びでは、「何色にしたの？」と、友達の作った色水を確認し合っています（上の写真）。

寒天ゼリー遊びにも、じっくり取り組む

室内で粘土遊びをよく楽しんでいた子どもたち。寒天ゼリー遊びでは、粘土とはまたひと味違う感触が楽しめるのではないかと考え、粘土板と粘土ベラなどを用意してみました。じっくりと遊び、細かく切ったり、四角に切ったり、盛りつけてまわりの友達や保育者に振る舞っていました。

好きな容器を使って

自分で選んだ容器と摘んできた草花でお料理です。お茶が好きなお父さんのために、お茶を作る姿がありました。

どんどん遊びを展開していく

子どもたちの興味ややりたい思いをくみ取り、さまざまな素材や道具を用意すると、子どもたち自身でどんどん遊びを展開していく姿が見られました。

「どれにしようかな？」と、外遊びの道具入れの前で自分で使う道具を選ぶ姿も見られます。一緒にいる友達が何を選ぶのかも、気になる様子です。

友達と遊ぶことにも積極的で、子ども同士で楽しく遊ぶ姿が見られ、保育者はそばで見守ることを大切にする場面も多くありました。

バケツを水槽に見立て、魚やカニなどの人形を浮かべて水族館ごっこ。思い思いにイメージを膨らませて遊びを始めていく。

水鉄砲を窓ガラスに向けて噴射！　ガラスに当たって、水が流れる様子もおもしろい。

たくさんの水車を積み上げて回してみる。玩具を使った水遊びも、それぞれの楽しみ方で。

道具を使って水遊び

保育者がタライに水を張り、水遊びの準備を始めると、「きょうも水遊びする？」「外出ていい？」と子どもたちが集まってきます。

パシャパシャとタライの中の水をたたき、水しぶきを楽しむ子、水鉄砲で遊ぶ子、ジョウロで足に水をかけてみる子など、それぞれが水の感触や温度を肌で感じて楽しみます。

バケツや水車など、水遊び用の玩具を用意すると、水族館ごっこなどの見立て遊びも始まりました。思い思いにイメージを膨らませて遊んでいます。

水車を積み上げて「工事してるの」と言いながら、その上から水をかけて複数の水車を同時に回してみる子もいます。やってみると、水車ひとつだけのときとはまた違った水の流れが生まれることを発見していました。

「○○ちゃん、カメ（の人形）あったよ。どうぞ」「○○ちゃん、これものせてみようよ」と、遊びの中で友達とのやりとりも自然と生まれていました。

少しずつ変化する野菜に興味津々！

園舎の横で栽培している野菜。日ごと、少しずつ色づいたり大きくなっていく野菜の不思議に、興味津々の様子。

野菜を収穫する、味わう、遊ぶ

夏野菜の収穫、トウモロコシの皮むき、野菜のスタンプなども、楽しい夏の遊びです。涼しい夕方は散歩に出て、セミの抜け殻を見つけたり、カラスウリの実を探したりなどもしました。

子どもたちと同じ視線で見る景色は、キラキラとした驚きに満ちていて、一緒に楽しむ中で、子どもたち一人ひとりとの絆も深まるように感じました。

切った野菜でするスタンプ遊びは、形がおもしろい！

自分たちで皮むきしたトウモロコシを給食で食べるのも、うれしい体験。

思いっ切り絵の具遊び

絵の具遊びが思い切りできるのも夏の醍醐味です。はだしになり、地面やテラスに大きな紙を敷けば、自由なキャンバスに大変身。絵筆に加え、ローラーで思い切り塗ったり、手足でスタンプをしたりして、「見て！　オレンジ色になった！」「○○ちゃんの足のスタンプ！」と、色の混ざり合いや描いた形への気づきが生まれながら、体全体で楽しんでいました。

手足が汚れてもシャワーでさっと流せるのが、暑い季節のよさ。「コロコロやりたい！」と、ローラーで大きな紙に思いっ切り塗って遊ぶ。

壁のキャンバスは、手形がいっぱい！

壁に大きな紙を貼って絵の具遊びをしていると、それぞれが好きな場所に手形をつけ始めました。背伸びをして高い位置を狙う子、下のほうにしっかり押しつけている子と、遊び方もさまざまです。

暑さが和らぐ夕方のお楽しみ

暑さが和らいできた夕方の散歩は、うれしい出会いがいっぱい！　セミの声に耳を澄ませて「あれはミンミンゼミ？」、足元に虫を探して「バッタいた！」と、元気いっぱいに自然を楽しみます。

こんなふうにみんなで集まる姿がたびたび見られるように。

友達と一緒に

散歩の途中で、ひとりがベンチに腰かけると、それを見た子どもたちが次々にすわり始め、ひと休みの時間を楽しみました。また、広場で何かを見つけた子どもが「これなあに？」と声を出すと、「なになに？」と子どもたちが集まって、みんなでのぞき込んだり、それが何かを考えてみる姿もありました。

友達と手をつないで歩くのがうれしかったり、ひとつのフープにふたりで入って走ったり、水遊びでは一緒に水浸しになって「気持ちいいね〜」と笑い合ったり。お互いに何をしているのか気になり、隣に行って声をかけたり、寄り添って遊ぶ姿が増えてきました。保育者も一緒になって遊び、発見したり驚いたり楽しさを共有することを大切にしています。

一方で、みんなで遊んでいるときでも、ふと自分の手元に集中し、真剣なまなざしでじっくりと遊び込む姿も見られます。そんなときは、その姿を大切にそっと見守ります。子どもたちのそのときどきの思いや関心を支えています。

0・1・2歳児クラスの夏を振り返って

暑い夏を安全に楽しく乗り切るために保育者はさまざまな工夫をしています。0・1・2歳の生活では多様な感覚を刺激する活動が多くあります。

水遊びではパシャパシャと手で触りながら冷たさを感じたり、力加減で変化するしぶきの大きさや音までも楽しんでいます。また、目で見て、触って楽しいカラフルなゼリーを用いることで、水との違いを味わえるようにしています。楽しくなると手だけでは物足りなくなり、全身で楽しむ姿も見られます。

戸外でも植物の成長に気づいたり、昆虫などの小さな生きものとの出会いに不思議を感じ、じっと見つめ、鳴き声に耳を澄ませる姿は夏ならではの経験ではないでしょうか。保育者も子どもの隣で、一緒に耳を澄ませたいですね。

室内では、暑さをしのぎながらリラックスできる空間作りをしています。風船を圧縮袋に入れて、フワフワベッドのように顔や体を預けてみたり、太鼓のようにたたいて音を楽しんだり、ビーチボールがゴムによって思いもかけない動きをして、びっくりしながらもワクワク楽しそうでした。

近年では暑さもどんどん厳しくなり、体温調節や日焼け、あせもなど体調管理への配慮も必要になります。シャワーや着替えなどをしながら、心地よく過ごせるようにしていきましょう。　（内野公恵／主任）

水遊びや体を動かしたあとはひと休み。クッションやマットに自分から横になり、ごろごろ、ふわふわと気持ちよさそう！（0歳児クラス）

3・4・5歳児クラスの夏

夏は子どものパワーが弾ける素敵な季節です。水に触れる遊びを存分に楽しむ一方で、涼しい室内でもいろいろな遊びが広がります。地域でもおまつりが楽しまれるころなので、子どもたちの遊びの中にも、そのような楽しいイメージが広がります。

　家族で出かけた体験も楽しく再現され、一人ひとりの体験が、みんなの体験になっていきます。「遊び」って、すごいですね。

　この季節ならではの身近な自然に触れる機会もとても貴重です。「不思議だな」「おもしろいな」という気持ちを持ち、遊びをとことん極める毎日の中で、科学する心が育っていきます。

　異年齢のかかわりの中で、育ち合う子どもたちの姿もあります。少し離れたところから見ていたり、聞いていたりという姿も大切なかかわりです。離れているけれど感じ合っている関係を重ねていくその先で、直接かかわり合う姿が出てきます。いろいろなあり方を大切にして、大事に日々を重ねていきたいですね。

（宮里）

3歳児の姿と遊び

イメージ豊かに遊びが広がっています。また、水との出会いは夏ならではの体験。水は変化がわかりやすく、子どもたちの心を惹きつけてやみません。水の流れのおもしろさや不思議を味わいながら、探究する力の基礎が育まれていきます。

3 歳児クラス

イメージ豊かに遊びから遊びへ

井形ブロックで海の生きもの作りから水族館作りへ。「アシカショーも作ろう！」「もっと広くしようか」と、言葉を交わしながら遊びが広がっていった。

遊びから遊びへ

井形ブロックを組み合わせて、いろいろな形を作るようになってきました。保育室にある生きもののフィギュアがアイデアにつながり、カニなどの海の生きものを作り、近くにいた友達がそこからイメージして水族館を作って…と遊びが広がっていきます。

「水族館」というイメージから、別の子も「ぼくも行ったことあるよ。アシカショーを見た」と実際に経験したことを思い出しながら作っていました。それぞれでじっくり作っていましたが、友達の作っているものを見て、「つなげてもっと広くしよう」「いいね」と場を広げたりもしています。

また、ある日はウレタン積み木で船を作って遊んでいると、「旗が欲しいね！」「かりん組（クラスの名前）の旗を作ろう！」という声があがりました。

保育者が大きな白い布を準備すると、旗作りにやる気満々な子どもたちはすぐに布を手に取り、まず始まったのはトンネルごっこ。ひと遊び楽しむと、そのあ

1枚の布からも遊びが生まれる。旗を作るために用意した大きな布で、まずはトンネルごっこ。

トンネル遊びのあとはグループに分かれて旗作り。完成した旗は後日、お店屋さんののれんとしても活躍。子どもたちのアイデアでいろいろな形になっていった。

全身で水と触れ合う解放感！

玄関前での水遊びは、パタパタプール、2、3人ほどが入れるタライ、噴水マットなどを用意。それぞれ好きな場所で、水の冷たさをゆったり感じたり、プールに沈んでいる宝石を集めて「こんなのもあったよ！」と友達と見せ合ったり、保育者と水鉄砲をかけ合って思い切り笑ったり、さまざまな楽しみ方を見つけていました。「楽しかったね」「明日もやろうね」と、夏ならではの楽しい時間になっているようでした。

とはみんなで絵の具を準備し、ローラーや手を使って思い思いに描いていきました。完成した旗を飾ると、「色がきれい！」「手があるのがすごい」とうれしそうに見つめていました。

雨どい遊びがおもしろい!

7月の中旬、水を流して遊ぼうと雨どいを出してみると、子どもたちがその上におもちゃを並べ出しました。船を置いてみたけれど流れません。それならと並べたおもちゃの後ろから水を流してみると…「流れた!」。

今度は違うおもちゃでもう一度、といろいろ流してみて、発見する姿がありました。そうしているうちに水遊びはだんだんダイナミックになり、びしょ濡れになりながら遊びました。

雨どいを使った水遊びは夏いっぱい続きました。みんなでひとつのことをしながら、雨どいを長くつなげたい人、水を流したい人とそれぞれにやりたいことを楽しんでいました。

船を流してみる

滑り台のようになると考えたのか、雨どいの上に船を並べる。このあと、水を流すと動き出すことを発見!

雨どいを長くつなげる

9月の水遊びでも、雨どい遊びは大人気で、蛇口から長く長くつないでいく子どもたち。水が漏れないように、慎重につなぐ。

それぞれの役割

雨どいを運ぶ人、つなぐ人、蛇口を管理する人…と、それぞれに役割を持ちながら、みんなで水遊びを楽しんだ。

花火を作りたい！

「花火を作りたい！」と子どもたちが言うので、黒い大きな紙をテラスの手すりに貼ってみました。絵の具で思い思いに花火を描いています。

筆を使った絵の具遊び。色を選ぶ楽しさ、混ざり合う発見。みんなで描いたら乾かして大きな作品の完成！

トウモロコシの皮むきを手伝った子どもがいたので、その皮をローラーに貼ってダイナミックにお絵描き。

絵の具遊びから色水遊びへ

ふたつの机を組み合わせて大きくしたところに大きな紙を置いて、絵の具遊びを楽しみました。それぞれが筆を使って思い思いに絵の具で描いていきます。どんどん描いていくと、友達の絵の具の色と混ざり合って、「あれ？ オレンジになった！」と声があがったり、笑い合ったり。

絵の具遊びのあとの片づけも、子どもたちには楽しい遊びです。筆を洗っていると、きれいな色水がいっぱいできて「ジュース屋さんですよ！」。翌週の絵の具遊びのあとにも色水遊びが始まって、「きょうはモモのジュースがいっぱいだね」などと言い合いながらおいしそうなジュース屋さんが開店していました。

またある日は、トウモロコシの皮をローラーに貼りつけて、絵の具をつけてコロコロ、コロコロ。ベランダの手すりに貼った大きな紙に、不思議な模様が描かれていきました。

「川になったよ！」と、うれしそうな声が響いています。

「うんとこしょ、どっこいしょ」と植物のツルをみんなで引っぱる。なかなか抜けないことに、思わず前日に読んだ絵本『おおきなかぶ』のセリフが飛び出した。

みんなで力を合わせたら

9月、子どもたちが広場で、長く伸びた植物のツルを見つけました。「うんとこしょ、どっこいしょ」と自然と声を合わせて引っぱりましたが、なかなか抜けません。すると「まだまだかぶは抜けません」という声が！　昨日読んだ絵本のセリフです。なかなか抜けないツルを諦め、「こっちのほうが抜けそうだよ！」と、抜けそうなツルを探して、いろいろな方向に引っぱってみる姿もありました。

一緒に白い石を積み上げて…

ひとりの子が白い石を集めていると、友達が興味を持ってやってきました。何やら熱心に積み上げています。「これこども園にしよう」というひと言から、「こっちが玄関で、これが2階ね」とイメージを合わせて話し合っています。「ここは秘密の出口です」と、夢を膨らませながら理想のこども園を作っているようでした。こども園という場所が、友達と共通の理解でつながれる居場所になっていっているように思います。

異年齢のかかわり

夏の生活と遊びの広がり

年長児の車のコースに興味津々の3歳児クラスの子ども。

自分もやってみたい！

「クラスの一員でいること」の安心感をベースに、4歳児・5歳児クラスのスペースに行って遊ぶことが増えてきた3歳児クラスの子どもたち。夏休みで園にいる子どもの人数も少なく、いつも以上に学年を超えたかかわりがありました。

5歳児クラスの子どもが中型積み木で作ったコースに車を走らせて遊んでいるのを、3歳児クラスの子どもが興味津々に見ています。大好きな車を走らせることができる5歳児クラスのこの場所がお気に入りになりました。

翌日の朝、その子どもが「いちょう組(5歳児クラス)みたいに車が走るコースを作りたい！」とダンボールや廃材を組み合わせて作り出しました。「トンネルならライトがあったほうがいいね」と、4歳児クラスの子が金の折り紙を持ってきてくれました。

年上の子からアイデアをもらいながら、憧れていたものや好きなものを自分たちでも作ってみようとする思いが出てきていました。

翌日に3歳児が取り組んだコース作りには、4歳児クラスの子もアイデアを出してくれた。

5歳児クラスのスペースに作られたコースで、自分も車を走らせてもらう。

4歳児の姿と遊び

やってみたい！　という気持ちをいろいろな形で表している子どもたち。夢中になっているだれかの動きがきっかけで、夢中になる輪が広がるようにもなってきました。子どもたちのイメージを大事に受けとめて支えていきます。

4歳児クラス

やってみたい！興味が広がる

4月にも楽しんでいた恐竜作りがくり返された7～8月。ダンボールで囲いを作り、恐竜ワールドで遊ぶ子どもたち。

恐竜遊び

春ごろから取り組み始めた恐竜作り。そのときは八つ切り画用紙やわら半紙に絵を描いて、切り抜いて飾ったり、それを使って遊んだりしていました。

7月、今度はダンボールに描いた大小の恐竜を使って恐竜遊びが始まりました。板状のダンボールで作った囲いの中に恐竜たちの世界が作られていきます。この遊びは8月まで続き、9月には再び、恐竜の絵を図鑑を見ながら描く様子が見られました。くり返される中にも、そのときの興味や工夫によって、遊びが豊かに展開していきます。

9月には、再び恐竜を描くことがブームに。図鑑を見ながら下描きをして、自分のイメージした色をつけていく。

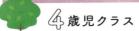

カイコにやさしく触れる子どもたち。3歳児クラスの子どもが見に来たときには、触り方を教える姿もあった。

カイコが大きくなったよ

6月から飼い始めたカイコ。一生懸命に桑の葉を食べるカイコの姿に、みんな夢中になっていきます。最初は触れるのに緊張していた子も、お世話をするうちに「きょうは手にのせてみようかな」と、自分から触れてみたいと思うほどになりました。

カイコのえさは、キャンパス内にある桑の葉。雨の日の散歩でも、子どもたちは桑の葉を持って帰ってきます。桑の葉が濡れているとカイコにはよくないらしいと聞いて、葉っぱの水気を一枚一枚丁寧に取っていく姿もありました。

カイコがまゆを作り始めると、「がんばれがんばれ」と応援していたクラスのみんな。やがてまゆになると「白くてきれい」と驚きの声があがっていました。

カイコがまゆになった！

小さな生きものへの興味につながって

カイコの飼育は小さな生きものへの興味にもつながっているよう。ミミズを観察したり、動かなくなったミミズを、そっとやわらかい土の上に置いてあげている姿もありました。

アイデアを出し合って

キャンパス内の中庭にある通称「ビッグレモンの木」。届きそうで届かない絶妙な高さのところに実がなっています。どうやったら採れるのだろう？ 背伸びをしてみたり、帽子で採ってみたり、棒で押してみたり。みんなでアイデアを出し合い、たくさんのレモンを収穫しました。採ったレモンは食べたり、輪切りにして干して製作の材料にもなりました。

ビッグレモンを収穫
みんなでアイデアを出し合い、ようやくたくさんの実を収穫！

おいしそう！
レモンはそのまま食べたり、はちみつ漬けにして楽しんだり。

アクセサリー作り
輪切りにして干したビッグレモンで、素敵なアクセサリーを製作。

タライにためた水で、ひんやり水遊び

夏の暑い日、タライに水をためると、中に入ってお風呂のようにまったりと遊んだり、おもちゃの浮き沈みを楽しんだりしています。盛り上がったのは水鉄砲。自分たちで的を作って当てたり、消防隊になりきって消火活動をしていました。

世界の国旗に興味がわいて

オリンピック開催で遊びがさまざまに広がった夏。選手を応援するときに作った日本の国旗、開会式や表彰式、閉会式で見たさまざまな国の旗。そのことから世界の国旗に興味を持つ子どもが出てきました。「国旗を描いて本を作ろう！」と、図鑑を見ながら世界の国旗を描いたり、写し取ったり。

やりたいことは子どもによってそれぞれ。9月には、国旗作りと恐竜作りとが一緒に進行していました。

霧吹きで水をかけたり、えさをあげたりしてダンゴムシのお世話をしていると、みんなが集まってきた！

散歩先でダンゴムシを探す子どもたち。

ダンゴムシでつながる

「ここにいるよ！」

散歩に行くと、木や石を裏返してはダンゴムシを探します。子どもたちは、ダンゴムシにも春から親しんでいて、保育室のテラスにダンゴムシハウスを作り、散歩先で出会ったダンゴムシたちを持ち帰って育てています。

ダンゴムシハウスを囲んで、「こっちに赤ちゃんがいるよ」「水かける？」「ダンゴムシいないね」「潜ってるんじゃない？」などと、気がついたことを伝え合いながら、濡れた新聞紙や枯れ葉などのえさをあげています。ダンゴムシに何をやったらいいのかは本で調べて知りました。

夏休み明けの9月、久しぶりの園でなかなか遊びが見つからないある子どもが、テラスに出てダンゴムシハウスの存在を思い出しました。

「元気かな」とつぶやき、屋根を開けてのぞき込みます。ダンゴムシの世話を始めると自然とみんなが集まってきました。身近な虫を通じて子どもと子どもがつながっていきます。

色をつけたシャボン玉がきれいだったことから、うちわの模様にすることに決定。まずは、紙に吹きつけて練習！

うちわ作り

みんなで楽しんでいるシャボン玉水に、ある日色をつけて吹いてみると、素敵な模様ができることを発見！「なんか、電気みたいだよ！」「きれいだね」と、シャボン玉を紙にのせてじっくり観察。割れて紙にきれいな模様がつき、「うちわの模様にしてみてもいいかも!?」ということになりました。

息の吹き方で泡の様子が変わるようで、まずは紙の上で練習。本番はいろいろな色を使って、淡い色の素敵なうちわができました。

アサガオの花で色水遊び

アサガオの花がたくさん咲いたので、色水遊びをすることになりました。同じ花なのに、入れる水の量によって濃さが違うことも発見。たくさんの色水ができると、レストランが始まり、ジュース、ゼリー、ワインとメニューもいろいろ。お客さんのテーブルに、料理が運ばれていきました。

異年齢のかかわり

お互いの存在に刺激を受けて

かき氷屋さんとの楽しくてうれしいやりとりも「やってみたい」につながっていく。

育ち合う子どもたち

「かき氷屋さんに行ってみようよ！」と誘われテラスに行ってみると、4歳児クラスの子どもたちが、かき氷屋さんを開いていました。魅力的なお店に、みんなが足を止めて見つめています。「どの色にしますか？」とお兄さんがやさしく聞いてくれて、やりとりを楽しんだり、「メロン味だね」ともらったかき氷をうれしそうに手に取っていました。後日、自分たちもかき氷屋さんを始める3歳児クラスの子どもたちの姿がありました。

後日、「お兄さんたちみたいに私もかき氷作ってみたい！」と材料庫に向かう3歳児クラスの子どもたち。「これで作るのかな？」といろいろ考えて探した材料で作っていた。

小さな子たちに歩調を合わせて

2歳児クラスと一緒に散歩へ出かけた4歳児クラスの子どもたち。相手のペースに合わせて転ばないようにやさしく歩きます。名前も覚えて「また一緒にいこうね」「また手をつなごうね」と話しかける姿もありました。

その後、園庭などで出会うと「〇〇くんだ！　前に手をつないだんだよ」「〇〇ちゃんおはよう！」と声をかける姿がありました。4歳児クラスになった自分たちが「お兄さん、お姉さんになった！」と感じたようです。

散歩の途中、カメのいる池を一緒に眺める子どもたち。「あそこにいるよ！」と小さい子に伝えながら楽しんでいた。

5歳児の姿と遊び

これまでの経験をもとに「やってみたい」プランが浮かんできます。やってみることでわかることがあり、いよいよ意欲的になってきました。保育者もワクワクと応援しています。日々の経験はおまつり（86ページ〜）にも生かされていきます。

5歳児クラス

不思議、おもしろいとことん遊ぶ

ビワの葉染めに挑戦！　前回よりもちょっと難しい「煮出し」でやってみることに。「だんだん色が出てきた！」

遊びが続く

春に染めものでこいのぼりを作った経験（43ページ）から、染めもの遊びや色水遊びが引き続き楽しまれています。花を見つけると「この花でも染められるんじゃない!?」とあれこれ思いつく子どもたち。初夏には、ビワの葉染めを、葉っぱを煮出すところから挑戦していました。

夏になると、大学キャンパス内にはさまざまなところに果実がなります。その年によってよく採れる実が違っていたりしておもしろいのですが、今年はプラムが豊作の年！　おいしそうなものを木の下から見つけては、登ってみたり、木の枝でつついてみたり、揺らしてみたり、保育者と一緒に採ったりと、あれこれ試しながら収穫をします。

収穫した実はその場で食べたり、少しずつ集めてジャムにしたり。そのままだと食べない人も、ジャムのおいしそうなにおいに、食べることに挑戦してみたり。自分たちで作るってうれしい、みんなで食べるっておいしいのです。

そして、ここでも染めもの遊びへと発展！　プラムから取った皮と種のまわりの取りきれなかった実を見て「なんか染めものできそうじゃない？」という声があがりました。さっそく「試してみよう！」と、布とタライを準備して挑戦してみると…赤く、いい色に染まりました。

ジャム作りで残ったプラムの皮と種でも布染めに挑戦。思ったよりも素敵な色が出ていて、染め上がりに期待が！

いろいろな花で色水遊び。石けん、クエン酸、重曹、ウメ酢、レモン…、色水に加えると色が変化したりしておもしろい。

雨の日散歩は楽しい!

雨が続く日は、傘を差して「雨の日散歩」へ出かけます。

3歳児クラスと一緒に出かけた日には、3歳児とふたり1組になって案内してあげています。小さい子が濡れないように傘を低く差してあげたり、低い傘に合わせてかがんでみたりと、年少さんを思いやる様子が見られました。

雨の中でお花探し。探す目的は子どもによってそれぞれ。

5歳児クラスだけの雨の日散歩は、花を探して色水を作りたい人や、素敵な花を探したい人、体を動かしたい人など、やりたいことはさまざま。友達と一緒に差す傘は、それだけでうれしいようです。

散歩先で見つけた花を持ち帰って、保育室では色水遊びをしたり花の絵を描いたりと、さまざまな遊びが広がります。色水遊びでは、色水にいろんなものを加えて色の変化を試していました。

持って帰ってきた花を絵の具で描いてみる。小さな絵の具セットは、気軽に描けて子どもたちのお気に入り。

琥珀糖作り

子どもたちが読んでいる絵本の中にあった「琥珀糖《こはくとう》」。それを見て、「きれいだね」「作ってみたいね」と子どもたちが話し合っていました。

「栄養士の先生に相談してみたらどうだろう？」と提案すると、「それいいね！」とすぐに伝えに行った子どもたち。栄養士のK先生が快く引き受けてくれて、後日やってみることになりました。

集まりで作ることを伝えると「本の中のものが作れるの!?」「すごい！」と、みんなうれしそうな様子。

当日はみんなが興味津々で琥珀糖作りに取り組みました。

材料を煮詰める

琥珀糖の材料は、粉寒天と水と砂糖。鍋で焦がさないように煮詰めてからトレーに分ける。

食紅を加える

グループごとに水で溶いた食紅を加えて竹串でぐるぐる…。

固まるのを待つ

グループごと、それぞれ違う素敵な模様に！少しおいて固まったら、ちぎってよく乾かす。

乾物用のネットに干す

琥珀糖の様子がどんどん変わってきた！どんな味がするかな？

重さを量る

「はい、153グラムね！　大きさも書いておこうっと」。重さを量る、紙に書くなど、それぞれが役割を持って取り組む。

ジャガイモを洗う

泥をきれいに落として、つるつるピカピカに変身！

レストランの人

小さい子たちが来ると、やさしく誘導し、「おかわりもあるよ」の声かけも。

料理する

自分たちで収穫したジャガイモを自分たちで料理する姿は、みんな真剣そのもの！

ジャガイモレストラン

4歳児クラスのときに植えたジャガイモが育ち、7月に収穫をしました。「大きいのが掘れた〜」「おいしそうだよね」と、自分たちが植えたジャガイモの成長に満足そうです。

まずは、収穫したジャガイモを大・中・小に分けて並べてみたり、重さを量ったり、どのくらいの大きさかわかるように紙に写し取ったり、絵に描いたり。それぞれが役割を持って取り組んでいる姿がありました。「いろんな重さがあるね」「本当だね、同じのがないよね」と、それぞれの発見も伝え合います。

「収穫したジャガイモを料理して、4・5歳児クラスのみんなにも食べてもらいたい！」と、栄養士の先生と一緒にジャガイモレストランを開くことにしました。切ったり、炒めたり、よそったりして、どの子も真剣です。

レストランではお客さんを誘導したり、料理を配ったり。休憩中には自分たちの作ったジャガイモを食べることもできて、みんな楽しく取り組んでいました。

3・4・5歳児クラス

こどもまつりレポート

かかわりをとおして育ち合う夏

5歳児たちが作る夏まつり

春から夏に季節が移るころ、子どもたちは新しい環境に慣れ、それぞれに力を発揮し始めます。解放的な気分が広がるこのころに、おまつりごっこに取り組む園は多いのではないでしょうか。

紹介するのは、5歳児たちが作り上げた「こどもまつり」の様子です。大切にしているのは、「子どもたちが作るおまつり」ということです。子どもたちの「やりたい！」という思いを大切にして、少しずつ作り上げていきます。お店作りは、3～4人くらいの仲間で進めていくことで、思いを重ね、力を合わせていきやすくなります。保育者は子どもたちの思いを受けとめながら援助していきます。

5歳児たちが作り出した遊びに、年下の子どもたちがお客さんになって参加します。「これをください」「はい、どうぞ」というやりとりをする中で、もっと必要なものがあることに気づき、作り足す姿も見られます。異年齢の子どもたちが、かかわりの中で育ち合う様子をご覧ください。

（宮里）

自分たちで作ったおみこしを担ぐ子どもたち。

5歳児クラス

おまつりの準備

こども園の夏まつり「こどもまつり」が近づきました。年長クラスになった今年は、いよいよ自分たちがおまつりを作る番。「自分たちのおまつりをしたい！」と、子どもたちみんなで、どんなおまつりにするかの話し合いが始まりました。話し合いの結果、おめん屋さん、りんご飴屋さんに焼きそば屋さん、輪投げ屋さん、星のナビゲーター、チョコバナナ屋さんに金魚すくい、魚釣りをすることに決定！

やりたいことが決まったら同じチームで話し合い、「必要なもの」「準備すること」などを書き出していく。こちらは、作るおめんのラインアップを相談中。

それぞれやりたいお店に分かれてチームを作り、来てくれる3歳児、4歳児クラスの子たちが楽しめるようにと、仲間で話し合います。ときには、ほかのお店の手伝いをしたり、助け合いながら、準備を進めていきました。

「輪投げの輪っかはどうやって作る?」「どうしよっか」「うーん、新聞紙とか?」「リレーの輪っかとか使う?」「新聞紙で作ったほうが、ぶつかったときに危なくないよね」と、お客さんのことも考えながら、思いを伝え合います。

おみこしが完成すると、担いで歩いてみたくなった様子。年中や年少のクラスのほうまでおみこしを担いで練り歩く。おみこしのてっぺんにはペンギンも！

昨年の年長さんがおみこしを作っていたのを覚えていて、「自分たちでも作ろう！」ということになりました。どんなおみこしにするかをみんなで考え、大好きな魚や動物などを飾っていくことに。おみこしの一番上には大好きなペンギンをのせて完成です。

準備を終えておみこしを担いでみたり、音頭を踊ったり。こども園の夏まつりを楽しみに待ちます。

お店で売るものや使う道具などを作り終えると、看板を作るチームも。「字が読めない子もいるから、絵も描こうよ」などと、小さな子たちのことも考えながら作っていく。

魚釣り＆金魚すくい

大人気だった魚釣りと金魚すくい。魚釣りは、釣れるとバケツに入れて、次の魚を釣る。道具作りなど、それぞれがイメージしたことを実現していった。

おまつりの日

待ちに待った「こどもまつり」の日。朝から自分のお店に立ち、お客さんを待っている姿も見られます。来てくれるお客さんがお店を回りやすいようにと、前もって一人ひとりに「おまつりマップ」を用意していて、お店に来てくれたらその場所に丸印をつけてあげていました。

おまつりが始まると3・4歳児クラスの子たちは、まずは魚釣りや輪投げのゲームのほうに向かい、食べもの屋さんはちょっとひまな感じに…。でも、しばらく待っていると食べもの屋さんにもお客さんが集まり始めました！

自分たちが「やりたい！」と思ったことを試行錯誤しながら実現し、おまつり当日もうれしい時間となりました。

おめん屋さん

お客さんが来ると、まずは写真を見て選んでもらい（左の写真）、決まったら後ろに飾ってあるおめん（左上の写真）を取って渡すというシステム。写真には「売れました」のチェックを入れて、次に来たお客さんがわかるように工夫も。

星のナビゲーター

最初はひとりからスタートした「星のナビゲーター」チーム。「スタッフぼしゅう！」の貼り紙の成果でメンバーもふたりに！　惑星のこと、月やブラックホールのことなどを紹介していくコーナーで、お客さんはソファやいすにすわってのんびりと聞く。

輪投げ屋さん

何度も挑戦しに来るお客さんで大人気の輪投げ屋さん。入ると、タンバリンや鈴を鳴らして祝ってくれる。小さい子にはピンの近くから投げさせてくれるやさしさも！

焼きそば屋さん

「作りながら売るのはどう？」「いいね」と売り方も話し合って決めた焼きそば屋さん。その場で焼いてパックに入れて「どうぞ！」。買った人は、隣のテーブルやシートにすわって食べる。りんご飴を一緒に買っていく人も！

チョコバナナ屋さん

自分の好きなチョコバナナを選んで、おいしそうに食べている３歳・４歳のお客さんたち。混んでくると、店員さんが「こちらに並んでくださーい」と案内する姿もあった。

みんなにとっての夏まつり

3 歳児クラス

おまつり会場をじっくり楽しむ

5歳児クラスが夏まつりの準備をしている様子を見て、「あと何日寝たら夏まつりなの?」「どんなお店があるんだろう」と、3歳児クラスの子どもたちも、夏まつりへの期待が高まっていました。

いよいよ当日、5歳児クラスのお兄さんお姉さんの声に誘われておまつり会場に行ってみると、その活気ある雰囲気に大興奮! 自分の行きたいお店へ足早に向かう人、魅力的なものに囲まれてどこのお店から巡ろうかと迷う人、お兄さんお姉さんの熱い接客に心動く人、保育者と一緒にお店へ向かう人などさまざまでした。

おめん売り場では、数ある素敵なおめんの中から〝ひとつ〟を決めるのは難しかったようで、しばらく悩む子どもの姿がありました。

「この動物のほうが好きかも」「こっちの色のほうがかわいいな!」など、比べたり、イメージしたりしながら、自分にとってベストなひとつを選ぶことをじっくり楽しんでいたのだと思います。お店の人が、「焦らなくて大丈夫ですよ~!」と、小さな人たちのペースに合わせてくれる姿もありました。

親しみのあるお兄さんお姉さんだからこそ、安心して自分の気持ちを伝えることができ、自分らしくおまつりを楽しんでいたように思います。

「このおめんもいいけど、あれもいい!」と、真剣に選ぶ子どもたち。5歳児クラスのお姉さんたちが、おすすめのおめんを伝えてくれるなど、最後までやさしく寄り添ってくれた。

4歳児クラス

おまつりのあとから続く自分たちのおまつりごっこ

おまつりの翌日、5歳児クラスの子どもたちが開催してくれた「こどもまつり」が楽しかったようで、朝から5歳児クラスの作ったおまつり道具を貸してもらって、おまつりごっこが始まりました。クラスの名前（もみじ組）をつけて、「きょうはもみじまつりでーす」と宣伝する様子もあります。

おまつりが始まると「金魚すくい」の道具がないことに気づき、それならばと、自分たちで作ることにしたらしい子どもたち。材料選びのときには「いちょう（5歳児クラスの名前）さんはこれを使ってた気がする！」と、同じものを作ろうと意気込む姿も見られました（その後、年長さんが「どうぞ」と持ってきてくれました！）。

この遊びは、おまつりのあと、しばらく続いていました。

「おまつりなら、受付がもっとあると思うよ」と、まるで総合受付のような仕事を始める人たち。刺激を受け、新しい発想も生まれていた。

「ここも、ここも行ったんだよ！」と、事前に年長さんからもらっていた「おまつりマップ」を保育者に見せる。この躍る気持ちを、安心できるだれかに伝えたい！　という、そんな姿。

3歳児クラス

プチ夏まつり開催

活気のある雰囲気に誘われ、自分のしたいことや、欲しいものを自分から伝える姿があった夏まつり。その日の夕方には、自分たちもおめんを描いて帯につけてみたり、毛糸を使って焼きそば屋さんになってみたりと、3歳児クラスの中でも、プチ夏まつりが開催されていました。楽しかった経験から、また新たな遊びが生まれ広がっていきました。

おまつり当日には、これまでかかわりが少なかった友達にも「一緒に食べよう」と声をかける姿も見られ、夏まつりの雰囲気に心躍り、心動く場面が、さまざまな場所で見られた。

3・4・5歳児クラスの夏を振り返って

夏は、子どもたち一人ひとりの発想が遊びのおもしろさに展開されていく時期です。3・4・5歳児の特徴として、かかわりの中で育ち合う姿があります。それは、この時期、同じ年齢の友達とだけでなく学年を超えてかかわることにより、その遊びが広がりを持ち、次のおもしろさにつながっていったように思うからです。

水との出会いでは、絵の具遊びから色水遊びへの展開や、雨どい遊びを何度も試す中でさまざまな発見がありました。生きものとの出会いでは、カイコの命と向き合いまゆになる姿に驚いたりしています。夏野菜を育て収穫し食すことでは、「おいしい！」を体験しました。琥珀糖作りでは、絵本の世界に憧れて「きれいだね」「作ってみたいね」を実現し、感動の体験をしました。

子どもたちの「来て！」「見て！」「ね！　おもしろいでしょう！」がたくさん聞こえた夏でした。夏の解放的でゆったりと時が流れる中で、たくさんの不思議さや驚き、そして発見や達成につながる夏ならではの遊びを、学年を超えてかかわり、思う存分に楽しみました。

夏の一人ひとりの体験を保育者同士で共有できたことも、子どもたちの新たな遊びにつながっていったように思います。子どもが何かに出会い、伝えてきたことや始めたこと、そして考え発信していることに心を向け、その姿を保育者同士で語り合い、新たな視点をもって保育を進めることで、子どもが自ら次へと向かう姿につなげていきましょう。

（山下智子／施設長）

作った琥珀糖を、ほかのクラスの子どもたちや職員にも振る舞う５歳児クラスの子どもたち。

０・１・２歳児クラスの秋

爽やかな秋が来ました。０歳児クラスではハイハイから伝い歩き、歩行へと、日々子どもたちの動きが変化していきます。１・２歳児クラスでは、言葉やしぐさ、表情で自分の思いを表しながら、元気に遊ぶ姿がたくさん見られるようになってきました。

秋から冬に向かっていくころには、この時期にしか味わえない自然との出会いがたくさんあります。紅葉や木の実…拾ったり集めたりすることが大好きな子どもたちにとっては、秋の散歩道が宝箱のようです。落ち葉の山からとびきり大きな葉っぱを見つけ、１枚の葉がその子にとって特別に大切な葉っぱになることもあります。気持ちが動いて手を伸ばす、ずっと持っている、そんな姿を大切にしましょう。「ここが好き」と感じる居場所や「いつも一緒にいたい」と思える保育者との関係を基盤として得られた安心感の中で、一歩また一歩と、自分の地図を広げていく子どもたちです。感じる体験を大切にしながら、日々の生活を重ねていきましょう。

（宮里）

0歳児の姿と遊び

歩行も安定してきて元気に歩き回って過ごしています。身のまわりにあるものに、「これは何？」と指を伸ばしている姿は、まるで小さな探検家のようです。じっと見たり、そっと触れたりしながらたくさんのことを感じています。

0歳児クラス

新しい経験と発見 くり返すことの喜び

ステンドグラスシートに触れているうちに、はがれることを発見！　驚いた表情をしながらも、落ちたステンドグラスシートを拾っては貼ることをくり返していた。

「もう1回！」

窓に貼ってあるステンドグラスシートがはがせることに気づくと、真剣な表情で貼ったりはがしたりをくり返したり、玉がコロコロ落ちてくるおもちゃに夢中になったり。

じっくりと遊ぶ中で新しい遊び方を見つけたり、それぞれの楽しみが見られました。子どもたちが「もう1回！」と遊びに没頭する姿は目を見張るものがありました。

揺らすとコロコロと玉が落ちてくるおもちゃ。いろいろに揺らして、落ちてくる様子をじっと見ていた。

外への興味が広がる

子どもたちの「ハイハイしたい」「立ちたい」「歩きたい」という気持ちがより一層強くなってきました。それぞれの月齢の子が楽しめる安全な場所を担任間で話し合い、はじめはウッドデッキのある見通しのいい場所へ。両手をついて高ばいしたり、歩いたりとそれぞれが思うままに体を動かす姿が見られました。

戸外に少しずつ慣れて中庭へと行動範囲を広げていくと、開放的な空間に子どもたちは笑顔！　少し前を歩く保育者が手を広げて待ってみると、胸に飛び込むように次々と子どもたちがやってくる瞬間もありました。「楽しい！」「気持ちい！」の気持ちが通じ合った素敵な時間です。

草や石、落ち葉を踏む音や感触、空を飛ぶ飛行機や鳥…さまざまなものに気づき、指さしながら保育者や友達に伝えようとする姿が頻繁に見られるようになりました。

そんな子どもたちの姿を常に保育者間で共有する中で、その子の新しい一面を知ることができたり、その興味に合わせてさらに環境のアイデアを出し合ったりと、ともに保育する楽しさを感じる時間でもありました。

戸外では興味あるモノへとどんどん手を伸ばす子どもたち。見つけた石を排水溝のすき間に入れてみる。「ポチャン」という水の音に、不思議そうな顔をしていた。

わらべうたとともに落ち葉がふわり！

保育者が「♪うえからしたから おおかぜこい」とわらべうたを歌いながら落ち葉をふわりと投げ落とすと、手足をバタバタさせながら喜び、「もういっかい！」と何度もリクエストする姿も。遠くにいた人たちも集まってきて、みんなで大盛り上がりでした。

落ち葉の色にも興味津々

色とりどりの落ち葉を見つけ、「あ、か」と赤い葉を見て色に興味を示し、言葉で保育者に伝えてくれる子どもも。

色づいた葉を見つけると、手を伸ばしたり、顔を近づけてみたりと興味を示す子どもたち。体の使い方が安定してきて、しゃがんだり、手に葉を持って走り出す子も。

大切な「お気に入り」

お気に入りの葉は、大切に持ち帰ります。揺れる立ち乗りバギーの中でも、大きな葉をぎゅっと握り締め、満足そうに保育者を見上げる姿もありました。

全身を使って自然を感じる

まるでじゅうたんのように地面に広がったイチョウの落ち葉を見つけると、子どもたちが近づいていきます。じっと見て、手で拾って、足で踏んで…。目の前に広がるイチョウの葉に興味津々な様子でした。

イチョウ以外の大きな枯れ葉も落ちてきました。枯れ葉の上を歩くと、カサカサと音がすることに気づいた子どもたち。足元の枯れ葉を見ながらゆっくり歩いて葉の音を聞く子もいれば、つかまって立ちながら力強く足を動かし、音を出してにっこり微笑む子も。見る、集める、そして音を聞く。五感を使って、思い思いに楽しんでいるようでした。

散歩中に見上げる空はよく澄んでいて、とても気持ちのよい日。保育者も一緒に空を眺め、穏やかな時間が流れていました。

保育室でも秋を感じながら

散歩で出会った秋を保育室でも味わえるようにしたいと思い、木の実や色づい

いないいないばぁ!

壁掛けの手作り布玩具の後ろに静かに隠れています。「あれ?　〇〇ちゃんがいないねぇ」「〇〇ちゃん、ど〜こ?」の声に、「ばぁ〜!」と元気に出てきます。

小さな空間では、思い思いに玩具を出してじっくり遊んだり、絵本を眺めたり、読んでもらったり。「静」の遊びにぴったりのスペース。

体を動かして絵本を楽しむ

絵の動きに合わせ、一緒に体を動かし絵本を楽しみます(写真は『ぺんぎんたいそう』齋藤槙/作　福音館書店)。鏡の下にあるのは巧技台で作った段差です。壁に手をつくなどしながら、立った姿勢で上ることや下りることを楽しむ姿がありました。

秋の自然物を入れた小さな容器。キンモクセイの花と水を入れたペットボトル(右から2番目)を手に取り、水の動きに揺れる花の様子をじっと見つめる姿も。

た葉を持ち帰って小さなペットボトルに入れました。玩具棚に並べると、子どもたちは手に取って振り、音を鳴らしてみています。大きな葉は縦に連ねて天井から吊るすと風にふわりと揺れて、顔を上げてそれを見つめる姿がありました。

　秋の日差しがガラス窓に貼られたステンドグラスシートを通して、赤や黄色や緑の模様を床に映し出しています。床を指さししてその発見を保育者に教えてくれたり、模様を足で踏んでみたりしています。

　保育室の家具の配置を変え、小さなソファのある小さな空間ができると、そこにすわって絵本を見たり、安心してくつろいで遊んでいます。お気に入りの絵本を「もう1回!」と指で伝えて何度も読んでもらったり、歌声に合わせて体を揺らしたり。

　ブロックを電話に見立てて「うん、うん」とおしゃべりしたり、チェーンをお皿に入れたり、保育者や子どもたち同士で「どうぞ」と玩具を渡したりと、見立て遊びや、やりとりのある遊びもたくさん楽しんでいます。

1歳児の姿と遊び

身のまわりにあるものにかかわって、不思議やおもしろさを見つけています。言葉や表情で思いを伝え合うことで、一緒のうれしさも味わっています。同じ場所にいて、別々のことを楽しみながら時折リズムが合う。そんな距離感がちょうどいいようです。

1歳児クラス

「やってみたい！」があふれ出す

お気に入りのいすを持って、ちゃぶ台のところにやってきた子どもたち。「ごはん作るね」「じゃあ、メンメンにしようか」「いいね」「ケーキも作ろう」と言いながら、それぞれが自分の作りたいものを作ったり、やりたいことをしたり…。忙しそうに動き回っていた。

「やってみたい」を存分に楽しむ

ある日の外遊びで、ひとりの子どもがたくさん集めた枝を大事そうに抱えながら、保育者のところへやってきました。枝を台の上に置いて並べると、「どんな魔法をかけてほしいですか？」と尋ねます。「きれいになる魔法をかけてほしいです」と答えると「いいよ！　えいっ！」と魔法をかけてくれました。

自分が生活の中で経験したことを、遊びの中で再現して楽しむようになってきました。少し前までは「ごはんを作る」「スカートをはいて買い物に出かける」といった簡単なやりとりを楽しんでいた子どもたちですが、このころになると「お母さんになりきって、朝ごはんのウインナーとおにぎりと味噌汁を作り、赤ちゃんに食べさせる」「プリンセスになってダンスパーティーをしたい」と、より具体的にイメージを膨らませて遊ぶようになりました。

子どもたちの想像力の豊かさと「自分でやってみたい」と挑戦する姿がたくさん見られました。

チャレンジしたい思いがいっぱい！

心も体も安定してきた子どもたち。楽しそうなことにチャレンジしたい思いが膨らんでいます。鉄棒を出せばすぐにぶら下がり、得意顔で「見てー！」と保育者を呼びます。

滑り台を腹ばいで滑ったり、縁石を並んで歩いたりするのも楽しいようで、体を思い切り動かして遊ぶ楽しさを味わっています。

一緒が楽しい子どもたち。「楽しそう！」という場所を見つけたら、うれしそうに仲間に入っていく姿が見られます。

いつもは駆け下りるスロープ。ひとりが「ハイハイで！」と言って登り出すと、続いてみんなもハイハイで登り出す。「やってみたい！」の思いも友達と一緒が楽しい。

経験を重ねて、できることもどんどん増えていく。滑り台は腹ばいで滑ってみたりと、いままでの滑りに変化をつけてチャレンジ！

だれかが挑戦すると「一緒に！」と続く。手には揃ってドングリの実を抱えながら、縁石を連なって歩く子どもたち。

落ちているクリを集め、「いっぱい拾ったよ！」と散歩バッグいっぱいの収穫に満足そうな子どもたち。拾ったクリは茹でておやつに。秋の味覚を堪能！

おばけになりきる

ヤナギの木の下に入って、みんなでおばけごっこです。下を向いて、おばけになりきる子どもたち。おばけのイメージをばっちりつかんでいます。

地面に広がるたくさんの落ち葉。集めてパッと放って、ヒラヒラ舞うのが楽しい。

実りの秋

果樹園に散歩に行くと、クリの実がゴロゴロと落ちています。イガに気をつけながら実を取り出し、散歩バッグに集めました。たくさんの収穫に満足そうな子どもたちです。

そのほかにも、カラスウリの実を採っておままごとで遊んだり、地面に広がる落ち葉を集めて舞わせて、ヒラヒラを楽しみます。秋が深まるころにはイチョウの木の下、同じように落ち葉がヒラヒラと舞うのを楽しみました。

スカートを一枚一枚手に取ってはいていく。たくさん重ねて、頭にもかぶって「うわぁ！」。いっぱい身につけるのがうれしい！

「○○くんが
読んであげる！」

保育者に読んでもらうだけでなく、自分でも絵本を読みたい子どもたちです。「ウサギです」と自分の言葉で話しています（写真は『バスがきました』三浦太郎／作・絵　童心社）。

“自分（たち）の場所”がうれしい！ダンボールを上手に並べて、自分ひとりの空間を作ることもあれば、だれかとの場所を作ることも。

“いま”やりたいことを一緒に

保育室に入ると真っ先にお気に入りのおもちゃを手に取って遊び始める子もいれば、まわりの人の様子を感じながら、ふわ～っと遊びに入っていく子もいます。保育室の環境や、ほかの子どもや保育者の存在、いろいろな“おもしろそう”に出会いながら、その瞬間に惹かれたことを始める姿がおもしろい1歳児です。

ある子がスカートをはき、ブロックを手に持って、ステージに立って歌って踊り始めました。すると「ぼくも！」とスカートをはいたり、ブロックを手に取ったりして一緒に歌い始めます。歌っている歌はバラバラでも、身につけたものや遊びを通して、子ども同士がつながっていくことを感じます。

ダンボールで“自分の空間”を作って遊ぶ姿もあり、「入っていいですか？」と聞くと、「どうぞ～」と快く入れてくれることもあれば「○○と△△のだから」とお断りされることも。でも次の瞬間には「どうぞ～」と入れてくれたり、移り変わっていくやりとりを楽しんでいます。

2歳児の姿と遊び

言葉で自分の思いを表すことができるようになってきました。"一緒がうれしい"を感じると同時に、思いが食い違い、ぶつかり合うことも出てきますが、少しするとまた一緒に遊び出します。体験を重ねることでたくましく育ってきた子どもたちです。

2歳児クラス

イメージ豊かに遊ぶ・作り出す

さまざまな道具を持ち替えながら、色のつき方や模様のつき方を楽しむ。友達が使っている道具を「ちょっと貸して」と試してみる姿も。

「おもしろい！」を感じる

「ジェッソ」という素材と出会いました。絵を描く際に使う下地材で、今回は白色のジェッソに絵の具を足したものを、大きなダンボールにダイナミックに塗って楽しみました。

ジェッソを足した絵の具は立体感が出て、触ってみるとふわっとしていて、のばしていくとざらりとした感触が残ります。「ふわふわしてる」「クリームみたい」と、子どもたちも初めての素材に興味をそそられているようです。

手のひら全体を使って色を広げていくと、色が混ざると変化があることに気がつき、「黄色と紫を混ぜたらどうなるかな」と色遊びに夢中になる子もいました。道具として刷毛、コーム、割りばし、ダンボール片を準備すると、絵の具を削って模様のようにしてみたり、そこにものをくっつけてみたり、思い思いに表現をしてみる姿がありました。薄く塗ったところは早く乾燥して、「ここ、ちくちくする」と素材の変化も楽しむことができました。手につけることもおもしろく、手のひら全体に塗ってみる姿もありました。

初めての素材に触れながらそれぞれに感じたことを伝え合い、一人ひとり楽しみ方の違いがありながらも、みんなで楽しんでいる子どもたちです。

色分けした落ち葉や木の実を、思い思いに画用紙やリースに木工用接着剤やテープで貼っていく。

拾ってきた落ち葉を、赤・黄・茶と、自分たちで色分け。木の実も別に仕分けていく。

葉っぱや木の実で

落ち葉シャワー、落ち葉布団、木の実ごはん。子どもたちの手によって、自然がさまざまなものに変身しました。

葉っぱ遊びをたっぷり楽しんだあと、拾ってきた落ち葉を画用紙や、クロッグヤシの葉を編んで作ったリースに貼って作品に。ビニールテープに落ち葉を貼り、葉っぱのカーテンも作ったようです。

その作品を入り口に飾ることにした理由は、「パパとママがすぐ見えるように」とのことでした。大切なもの、思いのこもったものはすぐに大好きな人に見せたくなるようです。その思いがとても愛《いと》おしいと感じます。

自然の黄色いじゅうたん

地面を覆いつくす黄色いイチョウの葉っぱ。そこに寝転んで、ふかふかの黄色のじゅうたんを全身で堪能！ 用務員さんが送風機で落ち葉を飛ばしてくれて、落ち葉との追いかけっこも楽しみました。

「食」と出会う

おいしいものが盛りだくさんな季節。「すっぱい」「甘い」「渋い」などたくさんの味覚と出会いました。

散歩から帰ってさっそくレモンを切ってみると「いいにおい！」。おやつの時間に食べてみると「すっぱい！」「びっくりする！」と子どもたち。

散歩先で見つけたレモンは、食べてみてにおいと「すっぱさ」を体験したあと、余ったレモンを飾ろう！　ということに。さっそく準備にとりかかります。「ここに広げておいてね」などと声をかけながら「レモンちゃん」と名づけたレモンたちを並べて乾燥させます。何日かかけて乾燥するのを待っている間も、「レモンちゃんどう？」「そろそろかな？」と何度ものぞき込む子どもたち。出来上がった乾燥レモンを糸でつなげてカーテンのようなものを作りました。「レモンちゃんカーテン」の完成です！

乾燥させたレモンをつないで、レモンちゃんカーテン！

「見て！　取れた！」

用務員さんが落としてくれた柿を「わぁ！」と驚きながら、「見て！　取れた！」と手にしてうれしそうに微笑む子どもたち。においを嗅いでみたり、かたさを確かめたり、形や色を比べたりと、取れた柿にじっくりと触れ合う姿がありました。

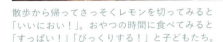

「何アイスがいいですか？」と注文を取り、「アイスでーす！」と作ったものをみんなの待つ家へ届けているところ。

隣の家に住んでいるという設定で、ついたてごしに会話をしたり、拠点にしてお出かけしたり。

「お金、払ってくださーい」「チャリーン」「どうぞー」。こちらはホテルのイメージで、やりとりを楽しんでいた。

居心地のいい場所を みんなで作る・楽しむ

みんなで遊んだ絵の具遊びの紙やダンボールを使ってついたてを作りました。子どもたちに大人気だったため、数を増やすと、さらに遊びが広がりました。曲げ方やつなげ方、置く場所によって家やお風呂などさまざまなイメージが膨らみます。長くつなげて大きな円状にしてみたり、壁にくっつけて配置したりと毎日違った家が登場します。一方でひとり用の小さなスペースを作ってぬいぐるみのお世話をしたり黙々とブロックを組み立てたりと、じっくり自分の世界で遊び込むような姿もありました。

クラスの一角に家が完成すると「ピンポーン、入っていいですか？」と住人が増えていき、みんなで入って笑い合っています。「宅配便です」と箱を持っていったり、「何にしますか？」「○○（料理名）でーす」と料理を運んだりしながらやりとりを楽しんでいます。大きな家の中でもさらについたてを曲げて部屋に仕切りを作るような姿も出てきました。

友達と一緒に入って楽しい場所、ひとりでゆっくりできる場所、なんだかよい場所が毎日出来上がっています。ついたての登場により特別な空間をすぐに作ることができ、日々さまざまな遊びが繰り広げられています。

0・1・2歳児クラスの秋を振り返って

入園・進級してから半年が過ぎ、安心して遊び出した子どもたちの姿を紹介しました。暑さもようやく収まり、戸外で過ごす時間が増えてきました。体を動かして遊びたい子どもたちにぴったりな秋という季節の中で、子どもたちや保育者たちの笑顔が輝いています。大事に日々を過ごしていきましょう。

「やってみたい」がいっぱいの子どもたちは、興味のあるものに手を伸ばして、それぞれの取り組みを広げていきます。室内外で見受けられるそのような姿を大切に受けとめながら、子どもたちが何を楽しんでいるのか、何をしようとしているのかを、よく見て理解し共感する援助を重ねていきます。

秋は、木々がきれいに色づく季節です。記録の中でも、子どもたちと落ち葉との多様なかかわりを紹介しました。落ち葉の中で遊ぶ中で子どもたちが味わっているのは、色、光、におい、感触、音などでしょうか。そこにわらべうたが加わってさらに楽しさが広がったり、拾い集めた落ち葉を色で分けてみたりと、遊びの世界の広がりは無限です。

身近な自然に触れて遊ぶ中で、さまざまに感じる体験を大切にしながら、実りの秋を過ごしていきましょう。　（宮里）

たくさんの枯れ葉の中から大きな葉っぱを見つけた０歳児クラスの子ども。自然の中には宝物がいっぱい！

3・4・5歳児クラスの秋

体を動かす気持ちよさを味わいながら、元気に遊びを繰り広げる子どもたちです。

3歳児は、同じ動きを楽しみながら楽しさやイメージを重ね合わせています。4歳児は、興味あること、やりたいことに向けて、仲間と一緒にワクワクして取り組む姿も見られます。5歳児はやりたいことが次々に出てきて、それを実現する力も備わってきました。それぞれの場所で「自分たちの探究」を深めています。この時期の子どもたちの姿から見えてくるのは「表現する喜び」です。遊びとは表現そのもの。伸びやかに、自分らしく表現する喜びを味わう子どもたちです。

異年齢のかかわりでは、運動会（122ページ〜）が育ち合う機会になっていますが、ほかにも秋の恵みを味わう機会も「おいしい」「うれしい」という喜びとともに、子どもたちの心に残っていきます。遊びが深まる「実りの秋」、子どもたちの心と体はぐんぐん育ち、いましかない、楽しい日々が紡がれていきます。

（宮里）

3歳児の姿と遊び

深まる秋、木々の葉も美しく色づく中で、子どもたちの遊びも豊かに広がっていきます。木の葉、枝、実から、遊びのイメージがどんどん広がっていきます。動きが影響し合い、笑いが広がり、心と体が豊かに育っていきます。

3歳児クラス

あふれ出す 豊かなイメージの世界

ファスナーつきビニール袋には集めたドングリと水。かざして見る水の向こうには秋の空が！

透明のビニール袋と水と秋の自然が、子どもたちの想像力を引き出す。

秋の出会いと発見！

Ａ6サイズのファスナーつきビニール袋を持って散歩へ行きました。ドングリや紅葉した葉など、見つけた秋の自然を子どもたちが自分だけの袋にそれぞれ大切に集めます。近くに水道があるのを見つけた子が、その袋の中に少しだけ水を入れていました。

「これ、上に上げると空の色も見えるの！」「ドングリが空を飛んでる！」

服に袋を当ててみた子は「こっちはしましまのドングリだよ！」と、ファスナーつきビニール袋と水、そして秋の自然で、心が躍るような発見をしていました。

見つけた秋の自然は、クラスに持ち帰って、ボックスに種類ごとに仕分けをしています。

その後、絵の具遊びをしていた子たちが、「マツボックリも塗りたい！」とのことで、さっそくマツボックリや大きな硬い葉をデコレーション。そのままでも魅力的な秋の自然が、子どもたちの手によってさらに芸術的なものになり、乾かしたあとは、モビールにして室内に飾りました。

たくさん遊んだあとは、みんなでごろんとひと休み。雲ひとつない秋の空が、さらに心をすがすがしくさせる。「空が青い」「気持ちいい」と、ふっとつぶやく子どもたち。心からの言葉が聞こえてくる。

自分たちで集めた秋の自然に、思い思いに絵の具を塗って素敵に装飾。

収穫の秋、味覚の秋に…

ひとりの子どもが、中庭にあるレモンのような実が緑色のまま落ちていることに気づきました。しゃがんで何やら見ているので、保育者も何も言わずに同じように隣にしゃがんで見ていると、「緑のレモンが黄色になるまで待ってるの」と教えてくれました。その真剣な姿と想定外の言葉に驚きました。子どもの行動とつぶやきに、いつも心が動かされます。

影のおうち、葉っぱの魚釣り

遊びの中では、子どもたちの豊かな想像力に出会います。

ある日、重いベンチを運んでほしいと子どもたちに頼まれて手伝いました。どこまで持っていくのかと尋ねると、「あそこの影のところまでお願いします」「あそこがおうちなんです」と子どもたち。広場に長く伸びた黒い影をおうちに見立てて、ベンチを置くのだそうです。影がおうちになるなんてビックリ！　とてもいいアイデアです。

またある日には、友達の持っている木の棒を見た子どもが、「それで釣りをするの？」と聞いたことから釣り船ごっこが始まりました。長い木の棒を使って、地面に落ちている葉っぱを取るのです。中には「釣り名人」というぐらいに上手な人もいます。そのうち、クジラが船の後ろで日なたぼっこをしたり、恐竜が登場したり、それぞれの楽しさが広がりました。

釣りが終わると、釣れた魚（葉っぱ）を料理して、皿にのせ、テーブルに並べる様子もありました。

海の中に泳ぐ大きな魚。竿に食いつくのを釣り人たちが待っていると、「サメだじょ〜！」と、いきなり海から飛び出してきた。あやうく食べられそうになって、釣り人もビックリ！

船の後ろに乗り込んで日なたぼっこをするクジラや、海の中を平気で歩ける大きな恐竜も登場。それぞれがなりきって遊びを楽しむ。

釣れた魚（葉っぱ）をみんなで料理。タマネギも一緒に焼いたというおいしそうな料理がお皿に並ぶ。

井形ブロックの電車がマグネットブロックのトンネルにピッタリ入ることを発見！ トンネルは駅のホームになり、ホームの隣に駅が作られていった。

この日はテラスで。井形ブロックで青い車両の京浜東北線と、緑と黄緑色の山手線を作り、「電車がまいります♪」。

ブロック遊びの発見からイメージがどんどん広がる

電車が大好きで、いつも井形ブロックを長く四角くつないで遊んでいます。青と水色ばかりをつないだのは京浜東北線、緑と黄緑色のものは山手線です。電車の目線で寝そべって、「♪ターンタ・タンタ・タンタ・タンタタンタタン♪ まもなく1番線に電車がまいります…」とアナウンスをします。

この日は、マグネットブロックの四角い形を長く立体につなげてトンネルを作っていた子どもたち。そのトンネルに、いつもの井形ブロックの電車がピッタリと入ることを発見しました。

偶然見つけたシンデレラフィットのトンネルでしたが、電車がトンネルを出てしまうと、途端にパタパタパタっと崩れてしまいます。今度はゆっくり、そーっと通してみるけれど、電車が出てしまうとやはり崩れてしまう。仕方がないので電車はトンネルに入れたままにして、2階部分にも電車を乗せました。

別の日には、マグネットブロックで駅のホームらしきものを作っていた子どもたち。ホームの手前には、びっしりと動物のフィギュアが並べられています。「動物たちも電車に乗るの？ 待っているの？」と保育者が聞くと、「上野動物公園駅だよ」。いつもの電車にマグネットブロックが偶然フィットしたことから、子どもたちのイメージは広がっています。

電車のホームに階段がついて2階建てに変化。ホームの手前には動物がぎっしり並んで「上野動物公園駅だよ」。

4歳児の姿と遊び

　一緒に遊びたい友達と「やりたい！」を実現する楽しさを味わい始めた子どもたち。「こうしたら？」と考えたり、「やってみよう！」と声をかけ合ったり。夢中になって遊ぶ子どもたちの姿からたくましさが感じられます。

4歳児クラス

「何でだろう？」探究と試行錯誤

カエルのごはん探しに夢中！　帽子や袋、網などを使ったり、枝を揺らして落ちてくる虫を探してみたり。友達と感じたことを伝え合いながら、試行錯誤する姿も。

色が変わるカエルに驚く

　バス遠足で埼玉県久喜市にあるこどもむら（柿沼学園）に行き、畑にたくさんのアマガエルがいるのを発見しました。その中の2匹を大切に連れて帰り、「クラスで育てよう！」ということに。さっそくカエルが何を食べるのかを調べ、ミミズとワラジムシ、シジミチョウを探しに、キャンパス内のグラウンドへ張り切って出かけていきます。

　カエルの色からみどりちゃん（みーちゃん）としろちゃん（しーちゃん）という名前も決まり、えさにする虫を捕まえてきたり、カエルの家をきれいに掃除したりと大切に育てています。

　ある日、カエルの家を掃除してしばらく観察していると「あれ？　しーちゃんが、前よりも緑になってる！」と、体の色の変化に気づきました。「何でだろう？」と調べてみると、アマガエルは周囲の色に合わせて体色を変える（体色変化）ことができるとわかりました。「もしかしたら変わるかも！」と、その後も真剣にカエルを観察する姿がありました。

カエルはどうして色が変わるの？

カエルの色が変わることを知り、「実験してみよう！」ということになりました。緑の葉を入れてみたり、カエルの家を黒い紙で覆ってみたり。そして、次の日に見てみると…白っぽい色のしーちゃんがなんと黒っぽくなっていました。「何でだろう？」から興味や関心が広がり、どうなったら色が変わっていくのかをいろいろ試していました。

探して捕まえてきたワラジムシなどはカエルのみーちゃんとしーちゃんのごはん。毎日、世話をしているうちに、カエルの色が変わっていることを発見！

白っぽかった体の色が黒くなったしーちゃん。「茶色っぽいからちゃーちゃん！」「ちょっと黒いからくーちゃんだよね～」と、名前も変わってきた!?

怖いおばけやしきを作りたい！

作りたいのは「怖いおばけやしき」。どんなおばけだと怖いのか、声を出してみたり、突然飛び出してみたり、いろいろ話し合う。

遊びの始まり

遊びの始まりは、ひとりの子のつぶやきから。「おばけ」というキーワードがきっかけになり、おばけやしき作りへとつながっていった。

みんなの「おばけやしき作り」

ある日、丸い紙をはさみで切って遊んでいると…。「あれ？ 何だかおばけみたいになっちゃった！」と、切った紙の形を見て、ひとりの子がつぶやきました。「それなら、おばけやしきを作ろうよ」と友達が言うと、「いいね」「うん、怖くしたいよね」と賛同の声。ひとりの発見から会話が生まれ、おばけやしき作りが始まりました。

「自分たちがおばけになること」「驚かすしかけを作りたいこと」など、子どもたちが意見を出し合っていると、「一緒におばけをやりたい！」「おもしろそう」「一緒に作るよ！」と仲間が集まってきました。「ひとつ目小僧さんが上がったり下がったりするのは？」「怖いおばけのおめんを作ろうよ」「お客さんも呼ばなくっちゃ！」と、さらにイメージが膨らんでいきます。

思い思いにおばけを作りつつ、「怖くするにはどうすればいいかな？」と、さまざまに工夫をしていました。

お客さん（クラスの友達）を呼んでの

暗くするには…

「暗くしたい」というイメージを実現するために、布をかぶせて暗くすることに。保育者は子どもと一緒に必要な素材を探すのが役目。

おばけの位置を確認

黒いポリ袋で作った「ひとつ目小僧」をぶら下げて、位置を確認。

驚かせたい！

ひもを引っぱるとひとつ目小僧が上に上がるしかけで、驚かせる。

「お客さん、来てね！」

お客さんを呼んでのおばけやしきごっこ。あまり怖がってくれないお客さんの様子を見て、アイデアを出し合う。

おばけやしきを改良

「もっと驚かせたいから、怖い絵を描こうよ」と、おばけやしきの改良にみんなで取り組む。

おばけやしきごっこで、お客さんがあまり怖がっていない様子を見た子どもたちは、仲間と一緒にさらにアイデアを出し合っていきます。その成果あって、後日ほかのクラスを招いてのおばけやしきは大盛況！「キャー！」「もう１回やりたい！」と、たくさんのお客さんが来てくれて、充実した時間を過ごしました。「おうちの人にも来てほしいよね」とおばけたち。表現遊びの会が近かったこともあり、そこで保護者にも見てもらうことになりました。「すごく驚かせようよ！」とさらに張り切る子どもたちです。

「表現遊びの会」で

表現遊びの会では保護者に楽しんでもらい、子どもたちにもうれしい時間になった。

「表現遊びの会」でもやろう！

表現遊びの会に向けて、おばけやしきチームで話し合い。必要なもの、衣装のこと、おばけになる人、おばけを動かす人、チケットを配る人など、それぞれの考えを伝え合っていく。

異年齢のかかわり

「楽しい！」「おいしい！」を一緒に

「ジャック・オー・ランタン」の飾りもいいよね」「かわいいおばけも作ろうよ」と、思いを伝え合いながら準備をしていく。

小さい子たちにハロウィーンパーティーを！

10月、5歳児クラスで「小さい子たちにハロウィーンパーティーをしてあげたい！」という声があがり、パーティーに向けての準備が始まりました。

「お菓子を作って配ろうよ」「それだけじゃなくてパーティーだから踊りもしようよ」「飾りも作ろう！」などと、いろいろなアイデアが出てきます。

普段から異年齢の子たちとかかわっているため、「ハロウィーンパーティーしまーす」と声をかけると、たくさんのお客さんが集まってきました。

ハロウィーン当日は工夫して作った衣装を着て、ステージでハロウィーンのダンスを披露。見ていた人たちもステージに出てきて、みんなで踊りの時間を楽しんだあと、お菓子を配って「トリック・オア・トリート！」。

焼きいもパーティー

遠足でいも掘りをした5歳児クラス。たくさん収穫できたので、園で焼きいもパーティーをすることになりました。みんなで協力して準備した焼きいもを、1～4歳クラスにもおすそ分け。焼きいもを作る楽しさ、おいしいと喜んでくれる喜び、「みんなで分け合う」温かさ。そして、年下の子どもたちには、自分たちも「やってみたい」「年長さんになったらあんなこともできるんだ」「楽しみだな」と、年長組になることを楽しみにする気持ちが芽生えたのではないかと思います。

用務員のSさんとその弟さんがピザ窯でいもを焼いてくれるのを、じっと見守る子どもたち。

日だまりのお茶会

プランターで育てていたオレンジバームのハーブを使ってお茶会をすることにした4歳児クラス。これまでに年長組がよくお茶会を開いてくれていたので、教えてもらいながら準備をしていきました。

お湯を入れると「少し待ったほうがおいしくなるんだよ」と年長児が教えてくれました。じっと待ってから飲んでみたお味は…「おいしーい！」「あんまり味が濃くないのがいいね」「これくらいでみんなに飲んでもらおうよ」。

湯飲みにお茶を入れ「お茶ができました～」「どうぞ飲んでくださーい」と声をかけると、園に見学に来ていた人たちもやってきて、一緒にお茶を飲んでおしゃべりを楽しみました。散歩に出かけると、「これはお茶にできるかな」と、観察したり調べてみたりしています。

「おかわりできるように作ろう！」と、お客さんのことを考えながら。

5歳児の姿と遊び

友達と力を合わせ、考えを出し合いながら、自分たちの遊びを創り出す喜びを味わっています。よりイメージに近づけたいという思いから、自分たちの知識や技能を総動員して取り組んでいます。まさに主体的な学びの姿です。

5歳児クラス

自分で考え、対話し夢を実現する

ハロウィーンショー

ショーの前日には、各クラスに手作りの招待状を出し、みんなに楽しんでほしいとワクワクしていたクラスの有志たち。当日は3・4・5歳児のフロア、0・1・2歳児のフロアでショーを行った。

定期的に行われるショー

子どもたちからは、しばしば「ショーをやりたい」という声があがります。そのつど、「ショーの日」を設定し、その日に「やりたい」という参加者を募ります。

ショーの内容なども子どもたちが自分で考え、メンバーも自分たちで募ります。保育者は必要な材料を一緒に考えて用意したり、子どもたちのアイデアを広げたりつなげたり、ナレーションなどの役を手伝ったりしています。

ハロウィーンの日にもショーをしようということになり、今回はハロウィーンにちなんだショーを行うチームと、恐竜ショーを行うチームの2組が参加することになりました。

ハロウィーンのショーをやるチームは、「ハロウィーン」から連想されるものの中から自分がやりたい役を決め、さっそく衣装作りが始まりました。

一方、恐竜ショーのチームは、だれがどの担当をするかの会議からスタート。図鑑を見ながら、それぞれの恐竜の姿や特徴などを確認しているようでした。

衣装作り

いままでの経験から、自分のイメージをどのように形にするかを試行錯誤。ひとりでは難しいところは友達に「ここを○○したいんだけど、手伝って」とお願いし、協力して進めていく。

恐竜ショーチーム

こちらは恐竜ショーのチーム。だれがどの恐竜を担当するかの会議中。図鑑を見ながら、それぞれの恐竜の姿や特徴などを確認している。

いちょう組応援団！

10月の運動会で、5歳児クラス（いちょう組）が応援団をすることに。太鼓チーム、チアリーディングチーム、旗チーム（自作の旗を振る）の、3つで構成することになり、おのおのが自分でやりたい役割を決めました。普段の遊びの中で、何度もくり返し踊っているチアチーム、「頑丈な太鼓を作るためにはどうしたらいいか」のアイデアを出し合う太鼓チーム、旗作りにくり返し工夫を加えていった旗チーム、それぞれのチームで意見をすり合わせながら、準備に取り組む姿がありました。

ヒーローショーごっこに夢中

それぞれの遊びの中で、表現することを楽しむ姿が見られた11月。特撮ドラマのヒーローショーごっこもそのひとつでした。お客さんを呼ぶためにヒーローショーの看板を作り、またある日は自分のキャラクターのベルトや剣、おめんなどを作ったりと、細部までこだわってショーごっこを楽しむ姿がありました。

お客さんがあまり集まらなかった日の翌日には、いつも以上に張り切って、「ヒーローショー始まりまーす」と、お客さんを呼び込む姿も。そのかいあって、その日のヒーローショーにはたくさんのお客さんが集まり、「かっこいい！」「おもしろかった！」という声をもらって、とても満足気でした。

外遊びをしていたある日、ヒーローショーの仲間たちが、何やら会議をしていました。何を話しているか聞いてみると「劇場版のヒーローショーをするんだ！」とのこと。どんなストーリーにするか、戦いの舞台をどうするかを、仲間同士で話していました。

「劇場版ヒーローショー」は、卵が盗まれ、それを取り戻すストーリーだそうです。仲間同士で会議をしていた日の午後、さっそく卵を作ったり、卵から生まれるヒヨコを作ったり。戦いの舞台も変わるそうで、仲間で話し合いながら模造紙に背景を描く様子も見られました。

ショーの前日にはリハーサルをして、流れを確認。会場を改良して迎えた本番当日は、観客席にもたくさんのお客さんが来てくれました。

ヒーローショーが大盛況

3歳児、4歳児クラスの子どもたちも呼び込んで始まったヒーローショーは連日大盛況！

看板作り

ヒーローをイメージした色で、ヒーローショーの看板を作る。自分が扮するキャラクターのベルトや剣、おめんなどの製作にも取り組んだ。

ショーのあとに

お客さん（3歳児・4歳児クラス）に、身につけていたおめんや剣を見せてあげるヒーローたち。細かいところまで作り上げた小道具に、「すごいなー！」と驚きの声があがる。

続く劇場版ヒーローショー

劇場版ヒーローショーの会場を作って、ショーの流れを確認をすることになり、狭かったステージを大きく改良した。

新しいステージや背景は、見る人たちを釘づけに。本番が終わると「アンコール！」の声も！

ジェスチャーゲームで表現しあう楽しさを堪能！

同じ時期、連日『てぶくろ』や『からすのパンやさん』の劇ごっこを楽しむグループもありました。知恵を出し合って背景を作り、こちらも4歳児クラスのみんなにお披露目。「すごかった！」「おもしろかった！」と大好評でした。

それぞれに遊びの中で表現することを楽しんでいたころ、クラスみんなで挑戦したのが、ジェスチャーゲームです。

チームに分かれ、「あかずきん」「おおだまころがし」「おおきなかぶ」などのお題を体の動きで表現する遊びで、ほかのチームがその動きを見て、表現しているお題を当てるというもの。お題をもらったら、まずどのようにやるかをチームで話し合い、だれがどのように動くかが決まったところでいよいよ実演です。仲間と力を合わせてお題を表現すること、それを当ててもらうことを楽しみました。

遊びの中で、さまざまに表現する楽しさを堪能したことは、12月の表現遊びの会の取り組みにもつながっていきました。

どうやるかを決めたら、いよいよ実演。このチームのお題は「おおきなかぶ」。かぶ役の人、引っぱる人、その様子がうまく表現されていた。

3・4・5歳児クラス

遊びからつながる 遊びにつながる 子どもたちの運動会

大好きを集めた運動会

子どもたちは、走るのが大好き。踊るのが大好き。登ったり、飛び降りたり、ぶら下がったりして遊ぶのが大好きです。そんな子どもたちの「大好き」を集めて、「この園ならではの運動会を作りたい」、そんな思いが詰まったお茶の水女子大学こども園の運動会です。

大学構内にあり、とても狭い園庭しかない園ですが、室内でも表現遊びや玉入れなどを楽しんだり、散歩先でも体を動かしていろいろな運動遊びを楽しんだりすることで、運動の楽しさをみんなで味わう体験を重ねています。

その中で、子どもたちの内側に芽生えているのが「こんなこともしてみたい」「もっとやりたい」などの思いを抱き行動していく、主体的な姿勢です。それを大事に受けとめて、実現できるように支えていく保育者のかかわりによって、喜びを実感し、さらに意欲的になっていく子どもたちです。

子どもたちの豊かな育ちを支える運動会、大事にしたいですね。（宮里）

初めてのパラバルーンに興味とワクワクのアンテナを広げながら、みんなで心を合わせて遊びを楽しむ５歳児クラスの子どもたち。

運動会の駆けっこにイメージがわいたり、「運動会って楽しそう！」と感じてくれるといいなと思い、ゴールテープを持ってお散歩へ。「よーいドン」の合図を聞いて走り出すことや、ゴールテープに向かって走ることを、全身で楽しんでいた。合図を出したり、テープを持つことも楽しい遊びに。

思わず駆け出したくなる、中庭のゆるやかなスロープで、普段から元気に駆けっこを楽しむ子どもたち。

広場でボールを見つけたことから始まった野球。太い棒をバットにして、向かってくるボールを打とうとみんな真剣！

3歳児クラス

運動会ごっこの駆けっこ遊び

遊びの延長線上にある運動会。ゴールテープを使ったりして、イメージを膨らませていきました。

中庭にあるゆるやかなスロープは、子どもたちの大好きな場所。いつも自然と駆けっこ遊びが始まります。子どもたちにとって、短すぎず、長すぎず、ちょうどよい長さのスロープのようです。また、傾斜を下ってスピードが上がっていく感じが楽しかったり、反対に傾斜を駆け上がることにも満足感を味わっているようでした。

競走をするわけでもなく、「友達や保育者の存在を感じながらとにかく走ること」が、ただただ楽しい様子です。秋の気持ちのいい青空の下、腕をたくさん振って、前へ前へ、何度も往復して走りまくる子どもたち。その生き生きとしたパワーをすぐそばで感じながら、保育者も息を切らして一緒に走りました。

やりながら自分たちでいろいろと考えていた大縄跳び。最初は保育者が回していた縄を、そのうち自分たちで回すことにも挑戦！　回しながら「はい、いま！」と声をかけたりして、縄を回すこともどんどん上手に。

5歳児クラス

ルールのある遊びを思いっ切り楽しむ

体を動かすのが気持ちのよいこの時期は、外での運動遊びが充実。駆けっこ、サッカー、つなひき、大縄や短縄、リレー、こおりオニといったルールのある遊びを、友達と一緒に楽しんでいます。

これらの遊びは運動会にもつながっていきます。「リレーをおうちの人にも見てもらいたい」「踊りもいいよね」など、「やりたい！」「見てほしい！」ということを友達同士で伝え合う姿が見られます。

サッカーの前には、みんなで輪になって気合を入れる。かけ声は「ワンチーム！」。

広いグラウンドでは、とにかく走る！　そのうちに「みんなで走ろう！」となり、「よーいドン」でまた走る。ひとりもいいけど、みんなと走るともっとうれしい。

パラバルーンの巣箱から羽ばたく

表現遊びの先生がこども園に来てくれて、一緒にパラバルーンで遊びました。丸くなったパラバルーンをパンケーキに見立てたり、思いっきり持ち上げて膨らませてみたりと楽しい時間です。

みんなでパラバルーンの中に入ってみると、「何だか鳥の巣の中みたい」「本当だ!」と子どもたち。いまクラスでは鳥への興味・関心がどんどん広がっているのです。

パラバルーンの中では鳥たちの大合唱が始まり、やがて飛び立ちました。遊びの中から生まれた素敵な鳥たち。これをみんなにも見てもらいたい! と、運動会でも表現することになりました。

「キュルルルルリリ」「ヒーーーーィ!」「チュンピーチュンピー」「チチチッ」「ピピピピピー」。パラバルーンの中に子どもたちによる鳥の鳴き声が響く。

パラバルーンから飛び立ち、気持ちよさそうにグラウンドで羽ばたく素敵な鳥たち。このあと子どもたちは、ツバメのダンスを踊っていた。

広い体育館を本番さながら、思いっ切り走って確かめる。気合は十分！

4歳児クラス

やる気いっぱいに体を動かす

散歩の途中でも、遊びの中でもおしゃべりが弾む子どもたちです。あらゆる場面で思いを言葉にして伝え合う姿が見られます。もうすぐ運動会という日、運動会をする体育館を見に行ってきました。「広ーい！」「運動会、ここでやるんでしょ！　楽しみ！」

体育館の広さを確かめたり、体育館をいっぱいに使って、「よーいドン！」で走ってみたり。やる気いっぱいで躍動感があふれていました。

見学のあと、グラウンドではさっそく駆けっこ遊びが始まりました。そのうち、「ただ走るだけじゃなくてルールが欲しい！」という声が出て、「ここの線からスタートにしたら？」などと、みんなで話し合う姿もありました。

運動会でリレーは5歳児クラスの競技。その姿に憧れて、運動会のあとはリレーごっこも楽しみました。

運動会のあと、５歳児クラスのリレーに憧れて、４歳児クラスでも挑戦！「エイエイオー！」と声をあげて気力を高める姿も。待っている間の応援も盛り上がっていた。

「明日は運動会だね～、ちょっと走りたいよね」と話していると、自分たちで集まってダンスが始まった。ダンスを踊ることも運動会の楽しみのひとつ。

日々の様子を子どもたち自身で記録したもの。玉入れをして遊んだ様子や、運動会当日のことなども、絵とともに紹介されている。

「いいね。みんなが見えるね」と声をかけ合う様子も。

みんなが見やすいプログラムをという思いから、子どもたち自身で考えて進めていく。

5歳児クラス

会場の準備も「やりたい！」

子どもたちの「やってみたい！」の思いは、運動会の準備の間もどんどん広がっています。

運動会では係を決めたり、「プログラムがあるとお客さんもわかりやすいね」と友達と作ったり、「運動会、楽しみ〜」「ちょっとドキドキするなぁ」などとワクワクドキドキの思いを伝え合ったりする姿がありました。

子どもたちが自分で実現しようとしていることを受けとめ、保育者自身も仲間としてともに考え、実現していくことを大事にしています。

運動会会場に貼るためのプログラムを、それぞれ工夫して作ったり、楽しかったことを絵や文字にして、保護者が見えるところに毎日掲示しています。ドキュメンテーションとは違い、子ども自身が感じたことを記録しているため、いろいろな人が楽しく見てくれています。

異年齢のかかわり

ワクワクの準備もかかわり合って

4・5歳児クラスが一緒に取り組んだ玉入れ遊び。どうやったら入るか、友達同士で声をかけ合う姿も見られた。

もうすぐ運動会

運動会が近づいてくると、室内でも体を動かして、運動会ごっこを楽しむ姿が見られます。4・5歳児クラスが一緒に楽しんだ玉入れは、どの子も真剣！　運動会で踊る体操は、3・4・5歳児クラスみんなで一緒に踊って楽しみました。

運動会でみんなで踊る体操を、3・4・5歳児クラス一緒に練習。

運動会のあとに

運動会後の熱がまだ冷めやらぬこの日、4・5歳クラスで一緒に散歩に出かけました。目的地へ到着すると、「やりたい」という有志を募ってリレーをやってみることになりました。5歳児クラスが普段の遊びの中でリレーを楽しむ姿を、いままでくり返し見ていた4歳児クラスの子たちの中にも「やってみたい」という思いが少しずつ蓄えられていたようです。

参加する人、少し離れた場所から様子をうかがっている人などさまざまです。日常の中で、遊びとして少しずつ楽しんでいく、その経験の積み重ねで、少しずつ「やってみたい」の輪が広がっていき、次の年にもつながっていくのかなぁという瞬間です。

5歳児クラスが主となりチーム分け。4・5歳児クラス混合の2チームに分かれて、リレーがスタート！

お兄さんお姉さんのように太鼓をたたきたい

5歳児クラスのお兄さんたちが作って、かっこよく演奏していた応援団の太鼓。3歳児クラスの子どもたちに、お兄さんたちが「使ってもいいよ」と貸してくれました。とてもうれしそうにバチを借り、全身でたたく子どもたち。お兄さんお姉さんの迫力に憧れの気持ちもあったようで、同じように腕を振りかざします。力強さと生き生きとした表情がたまりません。

3・4・5歳児クラスの秋を振り返って

実りの秋、美しく色づく自然の中で、伸び伸びと遊ぶ子どもたちの姿を紹介しました。春、夏とともに過ごす中で、友達のことがよくわかってきて、思いを出し合い受けとめ合いながら遊びを作り出せるようになってきた子どもたちです。「やりたいな」と思ったことをやり始めたときに、それを「いいね」「すてきだね」と受けとめられた経験が重なることで、子どもたちのパワーは高まっていきます。大人の想像をはるかに超える子どもたちのパワーを感じるときは、まさに「保育者になってよかった！」と思う瞬間です。

122ページからは「大好き」を集めた運動会の様子を８ページにわたって紹介しました。お茶の水女子大学こども園は大学構内にあり、専用の園庭はとても狭いため、日ごろから散歩先で場所を見つけて運動しています。ちょっと条件が悪く見えますが、子どもたちも先生たちも何も気にせず元気いっぱいに走ったり踊ったりしています。運動会当日は大学の体育館を借りて、親子で楽しむ運動会を開きました（下の写真）。

普段の遊びの中で楽しんでいることとつなげながら、準備や練習をすることで一層気持ちが高まり、そして運動会を経験したことで、さらに意欲が高まっていく。そのような様子がまとめられています。（宮里）

たっぷり楽しんだパラバルーンを、運動会で披露する５歳児クラスの子どもたち。

0・1・2歳児クラスの冬

空気の中に冷たさが加わりますが、子どもたちの気持ちは外へ外へと向かっていきます。日なたの暖かい場所を見つけてゴロゴロしたり、地面に長く伸びる影に気づいたり、好奇心もどんどん広がっています。

行動範囲も広がって、全身で身近な自然を味わっている0歳児、感じたことや見つけたものを友達と一緒に味わって楽しんでいる1歳児、雪の日に長靴を履く喜びを味わう2歳児。地域によって自然のあり方は違うかもしれませんが、新しい出会いに驚き、目を輝かせてじっと見入る姿は共通なのではないでしょうか。

子どもたちの成長を実感するうれしい季節。発達には個人差があり、その歩みは一様ではありませんが、それぞれのあり方を大切に受けとめ、丁寧に応えることで、子どもたちは成長していきます。保育者もまた、子どもたちとともに過ごし、気づきを重ねる中で、豊かに育っていきます。育つものと育てるものがともに育ち合う日々を大切にしていきましょう。

（宮里）

0歳児の姿と遊び

体の動きもしっかりしてきて行動範囲が広がりました。一緒に過ごす友達と顔を合わせて笑い合ったり、同じ動きを楽しんだり、やりとりも生まれてきています。この季節ならではの自然との触れ合いを楽しみながら元気に過ごす毎日です。

0歳児クラス

「一緒」の喜びや楽しさが広がって

黒い「何か」を発見

手に持っていた石が転がって、拾おうとしてしゃがみ込むと目の前に黒い何かが！「何だ!? これは？」というような表情で大きく伸びる自分の影をじっと見つめていました。

季節を感じながら「いいもの、見ーつけた！」

たくさん体を動かせるようになり、走ったり、歩いたり、ハイハイしたり…それぞれのペースで楽しむようになってきました。そんな中で見つけた"いいもの"を大事そうに握り締めたり、見つめたり、触ったりしながら、じっくりと自然を感じる時間を過ごしてきました。

行動範囲もさらに広がり、自分の見つけた"いいもの"を存分に楽しんでいる姿が見られます。さらに、それをだれかに伝えたい気持ちも膨らんで、保育者や友達に「見て見て！」「アッ！　アッ！」とうれしそうに教えてくれます。

石をいろんなところに持っていき、こすってみたり、たたいてみたり…をくり返し試してみる。よく聞いてみると、「カンカンカン」「シュワーン」「コツコツ」といろんな音が！

いないいないばぁ！

小さな家に入り、友達が近づいてくると「ばぁ！」と顔をのぞかせます。びっくりした友達が「キャハハ」と笑うと、「イヒヒ」とうれしそう。そのあと、天井にある色のついた窓を指さして、友達に「コレ」とうれしそうに見せていました。

友達の近くで互いの作っている様子を見ながらごはんを作る。目が合うと「どうぞ」と食べさせ、ニコッとうれしそうに笑い合う様子も。

生活の中の経験が遊びに

ままごとのおもちゃでごはんを作るなど、生活の中で経験したことを遊びの中で楽しむようになり、お皿やカップなどにチェーンや卵マラカスを入れて「どうぞ」と保育者や友達に振る舞ってくれるようになりました。人形にミルクを飲ませたり、おむつを替えたりとお世話をしている姿は真剣そのものです。

「一緒」が楽しい！

一人ひとり、それぞれの世界が少しずつ広がる中で、友達や保育者とのかかわりも増えてきました。だれかと「一緒」に過ごすことの楽しさや喜びも広がっていきます。

絵本に出てくる動物をまねして一緒にジャンプしたり、友達や保育者の手を取って一緒に体を揺らしたり。友達と顔を見合わせて「キャハハ！」と笑う姿もあり、ひとりでは感じられない楽しさやおもしろさを感じているようでした。

みんなで食べるのがおいしい！

　戸外でたくさん遊んだあとは、いい具合に空腹を感じている子どもたち。給食室から漂ってくるおいしそうなにおいを感じたり、保育者が食事の準備に動き始めると、「大好きな時間だわ！」というような表情で、自分から軽やかに水道へ向かい手を洗います。

　この時期、食事スペースを大きく広げて、みんなで一緒に食べられるように環境を整えたことが、子どもたちにとってさらにうれしさにつながったのかもしれません。

　食事の時間には、自分の好きな食材にも出合い、好きなものを夢中で食べたり、友達が食べているのを見て、ひと口食べてみようとしたり、食具を使っている様子を見て「自分も！」とスプーンを手にしてみたり、互いに刺激しあっていることを感じました。

　おいしいものを食べると自然に笑みがあふれ、時折、声や言葉を発しながら、その喜びを友達や保育者に伝える様子もありました。

食事の時間には、友達の様子をじーっと見つめたり、夢中で食べていたり、お茶で乾杯しようよと声をかける姿も。

布団で作ったソファで

保育室に、布団をたたんでソファのようにしてみると、子どもたちのお気に入りの場所となりました。こたつに入るように足を入れ、ぬくぬくと温まっていました。

積もった雪を室内に運んで台の上で雪遊び。

散歩先で見つけた花のつぼみを皿に入れ、それを取り出してウサギの人形に食べさせている子ども。「あむあむ」とウサギに声をかけていた。

「どうぞ」のかかわり

日々の豊かな食事時間は次第に遊びにもつながっていき、コップやお皿にチェーンやお手玉を入れて、保育者や友達に「どうぞ」と振る舞う姿が盛んに見られるようになりました。

食事を受け取った側が、「あむあむ」と声を出したり、おいしそうに食べるしぐさをすると、さらにうれしそうな表情になり、「もっともっと」と別のメニューもすすめてくれます。

大雪が降った日、室内に雪を運んできて台の上に出してみると、お皿を持ってきて、お団子のように握った雪をのせていました。戸外では雪に触らなかった子も、室内では安心して雪を触り、ごはん作りに没頭していました。

いろいろな素材の感触や素材を入れるための皿選びに加えて、人とのやりとりや人の反応を楽しみながら、じっくりと遊び込んでいた子どもたちです。寒さが厳しい冬も、子どもたちの「どうぞ」の心遣いで、心がほっこり温まりました。

1歳児の姿と遊び

やってみたいことにじっくり取り組みながら、体も心も大きく成長した子どもたちです。笑顔で通じ合っていたところに、言葉が少しずつ重なってきました。冬の自然を味わい春を楽しみに待つ日々です。

1歳児クラス

「やってみたい」から できた! やれた!

「ここ、暖かいね!」と、友達と手をつなぎ、日なたでゴロゴロする子どもたち。

一緒に楽しむことの喜び 「やってみる」意欲と達成感

寒い冬の日も、日なたを見つけて気持ちのいい場所で伸び伸びと遊ぶ姿がありました。

「一緒に走ろう!」と友達や保育者を誘って思い切り走ったり、おもしろそうなことや、少し難しそうなことを自分で見つけて、チャレンジする様子も見られます。いろいろなことをやってみる中で、転んでしまったりすることもありましたが、自分で起き上がり、手やひざについた砂をはらって再び走り出す姿には、「やりたい!」という強い思いを感じました。いろいろな体の使い方を楽しむ中で、心も体もまた、たくましくなっていったように思います。

「先生一緒に押してよ〜」と言っていた手押し車も、冬になると自分の手足の力でどんどん進むようになり、大きな砂山もひとりで登っていました。砂山の頂上にたどり着いたときには、頬は赤くなり、肩を上げ下げしながら「ふぅ〜」と大きく深呼吸。「できたよ! やっほー」と、

遊びを見つけて「やってみる」

傾斜のあるスロープに向かってボールを投げ、戻ってきたボールを自分の足にくぐらせようとしたり、連なったマンホールに気づき、跳んでみる子どもも。

斜面登りにもチャレンジ！

いままでは見ているだけだった斜面に「○○ちゃんも登る」「やってみる」とチャレンジ。最初はなかなかうまく登れず「できない…」と困った表情を見せていましたが、少しずつコツがつかめてくると「あとちょっと」「できた！　登れたよ！」とうれしそうに教えてくれました。

花壇の縁石の上を、バランスを取りながら進む。友達のやっていることに気づき、自分もやってみようと次々に子どもが集まってきた。

すがすがしい表情で叫ぶ姿も！

体を動かす気持ちよさや楽しさを感じると同時に、自分のイメージしていたことがかない、「できた！　やれた！」と達成感を味わっているようでした。そんな子どもたちの興味に合わせ、室内にも段差のある道を作るなど、体を動かせるような工夫をしました。

思い切り体を動かす！

肌寒い日や冷たい風が吹く日は体を思い切り動かす絶好のチャンス！　ここぞとばかりに子どもたちは走ったり、登ったり、ジャンプしたり、ゴロゴロと転がってみたり…頭からつま先まで存分に動かしながら遊びます。

体を動かすと体がポカポカと温かくなるだけではなく、心も軽やかに動き出すようで、少し難しそうなことにも果敢にチャレンジしています。「もう1回」「自分でやりたい」「今度はこんなふうにやってみる」と挑戦してみて、考えて、工夫して、自分が納得するまでとことん楽しむ子どもたちです。

いいこと考えた！

「ねぇ！　青い！」「空、つかまえた！」と言う声が聞こえてきました。声のほうに振り返ると、ひとりの子が寝転びながら、空に手を伸ばしています。その様子を見て、ほかの子どもたちも「私も空つかまえる！」「えいっ！」と一緒に寝転びながら空に手を伸ばすのでした。

　子どものかたわらにいると「あっ！　そうだ！」「ねぇ！　見て見て！」とうれしそうに、自分が発見したことや考えたことを話す子どもたちの声が聞こえてきます。友達や保育者に発見したことを伝えているときもあれば、自分の世界に入り込みながら発見した喜びをつぶやいているときもあります。

　真剣なまなざしの先にどんな「いいこと考えた！」があるのか、子どもたちの見ている目線の先に自分の目線を合わせてみたり、同じ体勢になってみたりする中で、「なるほど！」「おもしろい！」「私もやってみたい」とワクワクしてきます。子どもたちの世界をのぞかせてもらうことで、知っているようで知らなかったこと、わかっているようでわかっていないことが、世の中にたくさんあるのだと気づく…そんな毎日です。

山茶花の花がらを発見し「これ！　カサみたい！」と、うれしそうに花がらを持つ手を上へ。それを見たほかの子どもたちも同じように山茶花の花がらをカサのように持ち、「あめあめふれふれかあさんが〜♪」と一緒に歌いながら歩いていた。

電車に乗って「しゅっぱーつ！」

　戸外で木枠を見つけると「一緒に行こうか！」「いいね！」とうれしそうに話したあと、木枠の中に入り「しゅっぱーつ！　ガタンターン、ガタンターン」と電車になりきって出発！

イメージを膨らませて遊ぶ

日々の生活や遊びで経験したことを、実際の遊びの中で表現して遊ぶ姿が増えてきています。

ブロック遊びでは、列車をつなげて動物を乗せ、動物列車を走らせています。おままごとコーナーでは、人形をやさしくお世話する様子が見られ、自分がいままでしてもらってきたことを、同じように人形を相手にしてあげる姿には喜びを感じます。

大きな紙とクレヨン、シールを用意すると、自然と集まって遊びを始める子どもたち。

ボタンはめに取り組む

ベストのボタンはめにじっくり取り組んでいます。3枚ほど重ね着すると、満足そうに遊び出しました。

布団に寝かしつけたり、手をつないで散歩に出かけたり、おむつを替えてあげたり、抱っこであやしてあげたり。経験が遊びの中での表現につながっていく。

雪に絵の具を出してみると…「ジュースみたい！」

雪が降った日、タライに雪を集めてくると「雪だ！」「触りたい！」とやってきた子どもたち。遊んでいるうちに「何かおいしそう…。アイスみたい」とつぶやいていたので、雪に少し絵の具を出してみると「イチゴアイスみたい！」「バナナジュースにしよう！」「おにぎり作る！」と次々にアイデアを出して遊んでいました。

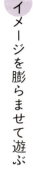

2歳児の姿と遊び

4月には3歳児クラスに進級する子どもたち。遊びや生活の中で、自分でやってみようとする姿がたくさん見られます。この季節ならではの自然との出会いの中で、不思議さを感じたり、探究したりする体験を大切にしていきます。

2歳児クラス

アイデアの広がりとチャレンジする意欲

アクリルの透明積み木が大好きな子どもたち。光をとおしてじゅうたんに映る色の部分に手を入れてみたり、そこに動物のブロックを置いて「黄色い部屋！」などとイメージしてみたり。

映画館ごっこ

暗くなってきた部屋を映画館に見立てて遊ぶ子どもたち。台の上に立ち、クラスの写真をまとめた「りんご絵本」を手にして「りんご映画館始まります～！」。別の場所ではダンボールを組み合わせた中に自分たちが描いた絵を入れて、こちらも「りんご映画館」のようです。

朝と夕方の「光」

冬になると、朝の保育室への日の光の入り方が変わります。部屋に斜めに入ってくるため、朝のゆったりとした時間に光で遊ぶ姿が増えます。また、夕方は日が沈むのが早いため、少しだけ電気を消すと暗くなる部屋の雰囲気も特別でうれしいようで、子どもたちの遊びのアイデアが広がります。

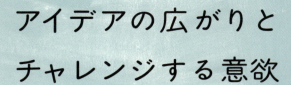

子どもたちと紡ぐ 雪の日の保育

前日の夕方から降り積もった雪。園庭にも、生け垣にも、プランターにも5センチほど積もりました。登園してきた子どもたちは、園庭を窓ごしに眺め、保育者と「あとで遊べたらいいね」と言葉を交わし、それぞれの遊びに戻っていきます。

朝の遊びが少し散漫になりかけたころ合いを見て、外の雪をプラスチックのボウルに入れて室内に持ってきました。それぞれのタイミング、それぞれの感じ方で雪に触れるうちに、雪への親しみや興味が膨らんできているのを感じました。

思い思いに朝の時間を楽しんだ子どもたち。それぞれ満足して牛乳を飲むテーブルに着くと、「きょう、長靴履いてきた！」「ぼくも！」「わたしも！」と、うれしそう。「じゃあ、その長靴で遊ぼうよ！」と保育者が言うと、「やったー！」「（玄関に）取りに行く！」と、外へ出ることへのわくわくが膨らんでいきます。「ねえ、早く外に行って雪に足跡をつけようよ！」と誘うと、瞬く間にトイレをすませ、上着、帽子の準備をしてテラスに出てくる子どもたち。心が動くと体も自然についてくることを実感しました。

夢中で遊ぶ子どもたちの背中越しに保育者も同じものを見て、雪の日を子どもたちと一緒に紡いだ、楽しい保育の時間でした。

保育者が指先で雪の表面を押してみると、同じように指で穴をあけ、雪をつまんだりしながら、「自由に形を変える雪」を楽しんで遊んでいた。

丸めた雪に山茶花の青い葉っぱを立ててみると、なんだか耳のよう。南天の実をつける位置を真剣に決めて、雪で大好きなウサギができたことに大喜び！

居心地のよいコーナー！

保育室内で雪遊びをしていたその反対側には、ラグとちゃぶ台で、居心地のよさそうなコーナーができていました。そこではゆったりと保育者に本を読んでもらったり、ままごとの玩具を持ってきて遊んだりと、くつろいだ空間になっていました。そこに、雪遊びで手が冷えた終わった子も加わり、ひとときの温もりを感じているようでした。

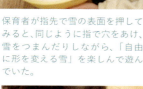

いつもと違う靴がうれしい！　楽しい！

「みんなの長靴見せて！」。そう声をかけると、ちょいっと足を持ち上げて見せてくれる子、いつもの靴とは違うカラフルなスノーシューズをほくほくした表情で見つめる子、友達と見せ合いっこをしている子、その様子を見ている子、それぞれの気持ちが表れた瞬間です。

大きくなったな

夕方、保育者が洗濯物をたたんでいると、子どもたちが楽しそうに手伝ってくれます。登園時の手洗いをこれまで保護者と行っていた子が、踏み台にする紙パック積み木を選んで持ってくるというルーティンを見つけ、ある日、ひとりで手を洗っていました。生活の中でも、育ちを感じる場面がぐっと増えてきました。

着替えをたたんでバッグにしまうを、真剣に取り組む。年長児への憧れや進級に期待する気持ちが、「自分でやる！」というやる気にもつながっているよう。

「いらっしゃいませ」

友達とかかわりながら、イメージ豊かに遊びを広げている子どもたちです。園庭のキッチンカウンター越しに、お客さんとお店の人になってやりとりが始まります。「いらっしゃいませ」「ひとつください」。目の前で鍋のフタを開けると、お客さんのふたりは、身を乗り出して鍋の中をのぞき込んでいました。

ドキドキわくわくの合同散歩

年長児と手をつないで歩くグラウンドまでの道のり。はじめは口数少なにうつむいたり、逆にちょっとはしゃいで大きな声を出したり。でも、かかわりを重ねていくうちに名前を覚え、手をつなぐのがうれしくなって…。お兄さんお姉さんの遊びをまねて、ちょっと難しいことに挑戦してみたり、やさしくされたことを、クラス内で友達にしてあげたりと、合同散歩を重ねて、心もぐっと成長していきます。

挑戦する意欲と勇気

年長児と一緒に散歩に出る機会がありました。これまで、テラス前に集まって元気に出発していく年長児の姿を見ているので、その中に自分がいることに、ドキドキワクワクの子どもたちです。

年長児と散歩に行くと、同年齢の集団内ではやったことのない遊び方、動きを目にし、遊ぶ意欲も大いに刺激されるようです。ある日、2歳児だけで散歩に行った先で、初めて自力で桜の大株に登ることに挑戦したRくん。なんとか自力で、ひと息つけるところまで登ることができましたが、そこで満足せず、さらに登っていって、あるところで止まると「ぴた」と幹に頬を寄せました。なんとも満足そうな表情です。その表情を見て、前日、年長児たちがこの木に登って木に抱きついて遊んでいたのを、木の下からじっと見ていたRくんの姿を思い出しました。「あぁ、やってみたかったんだ！」と、思わず、言葉となって出てきました。

大事なものに触れるように、そっと木肌に頬を寄せて笑顔があふれるRくん。「やってみたかったの？」と聞くと、うんうん、とうなずきます。そのまましばらく、木との触れ合いを味わっていたRくんでした。

年長児の姿に刺激を受け、桜の大株に登ることにチャレンジ。高くて怖くて、登り始めてすぐに固まってしまったものの、保育者が「そばにいるよ」と声をかけ、足場を一緒に探し、ついに、やりたかったことができた！

0・1・2歳児クラスの冬を振り返って

子どもたちが過ごす場所にいると1年間の重みとありがたさを痛感します。特に、0・1・2歳の子どもたちと過ごしている大人は、そのことを強く感じるのではないでしょうか。

ドキドキとワクワクの中で始まった春、新しい生活。日差しが強くなる中で、日々を健康に過ごすことで精いっぱいな夏。吹く風に涼しさが混じり出したことで夏の終わりを知り深呼吸する秋。そして、寒さの中に時折暖かさが混ざってくる冬。春夏秋冬、どれも格別の味わいがあり、この変化の中に、子どもの成長があるように思います。

0歳児クラスの冬はもうほとんどの子が1歳になっていて、春には1対1で食べていた食事も、数人で一緒に食べるようになっています。一緒に食べる中で交わされているのは「おいしいね」の気持ちです。1歳児クラスの子どもたちもたくましく動き回っています。やりたいことを見つけて自分でやってみる、その先に「つなぐ手」があります。2歳児クラスでは、珍しく降った雪で遊ぶ子どもたちの姿から「いま、このときを逃さない」保育の大切さを学びます。いろいろな出会いの中で育つ子どもたちです。出会いのチャンスを大切にする保育がいいですね。　　　　　（宮里）

2歳児クラスの子どもたちが作ったクリスマス飾り。園の玄関に飾った理由は「サンタさんが気づいてくれるから！」（2歳児クラス）。

3・4・5歳児クラスの冬

思いを出し合い「自分たちの遊び」を作り上げる喜びを存分に味わっている子どもたちです。動物の赤ちゃんになりきる3歳児、書道パフォーマンスを繰り広げた4歳児、試行錯誤しながらやりたいことを実現させて輝く5歳児。「やってみたい！」と心が動くと、体が動きます。動いていると楽しさが伝わって友達が集まってきます。友達と一緒に遊びを作り出し笑い合う、その時間の中に楽しさがギュッと詰まっているように思います。

生き生きと動き出した子どもたちから、「こんなのが欲しい！」という要望が出てきたり、もっと楽しくするためにこんなものが必要…と考えている様子が見られることがあります。いよいよ保育者の出番。その楽しさを受けとめ、遊び心を伸びやかに広げながら、子どもたちの遊びを支えていきましょう。自分のイメージを強く出すのではなく「何でも手伝うよ！」という気持ちでそばにいる感じがちょうどいいようです。遊びの主体は子どもです。そこを大事にしたいですね。（宮里）

3歳児の姿と遊び

「おもしろい」を見つける楽しさを味わう毎日です。それを一緒におもしろがる友達ができて、楽しさはさらに広がっていきます。寒さの中でも外に出れば、氷や霜柱など、この季節ならではの出会いがあり、それを楽しむ子どもたちです。

3歳児クラス

楽しい気持ちがつながっていく

乾いた芝生は、滑りやすいので登るのもひと苦労。「○○ちゃんがんばれ！」と声をかけたり、手を差し伸べたりして支え合う姿があった。

この時期、「むっくりくまさん」の遊びも大好きで、よく楽しんでいた子どもたち。手をつないで輪になって「むっくりくまさん、穴の中♪」。

手と手をつないで

芝生が枯れている斜面は、滑って遊ぶのにはもってこいです。散歩でグラウンドに行くと「手をつないで滑ろう！」と友達と声をかけ合いながら走り出していました。

斜面の頂上で手をつないでいる友達の姿を見ると、登っていた子も「待って！私も！」とどんどんつながっていきます。「いっせーの！」の合図で滑り出すと、みんなとびきりの笑顔で楽しい気持ちが共鳴しているようでした。ある日はクラスのみんなで手をつないで滑ることも。

そのほかの遊びの中でも、みんなで手をつなぐ様子が見られた子どもたち。横に広がったり輪になったり、心もつながっているように感じます。

屋外で作ったロボットをみんなで運ぶ。このあと保育室でも製作が続いた。

ロボットを作りたい友達を手伝う。テープを貼りやすいように、ロボットを寝かしつけているところだそう。

友達の「やりたい！」に集まる・手伝う

「外で大きなロボットが作りたいの！」と、ある子どもが材料を屋外に持ち出し、ロボット作りが始まりました。箱をテープで貼り合わせるときには、「持っておこうか？」と、見ていた人が声をかける姿もありました。

大きすぎて持って帰るのも、ひとりでは大変。「ちょっと重すぎるよ」とぼそりとつぶやくと、「持とうか？」と仲間が集まってきます。持ち方を相談しながら、大事に部屋に運んでいました。

みんなで歌おうよ！

散歩のとき、突然「みんなでバスごっこ歌おうよ」と歌い出した子どもたち。歌声はどんどん広がっていき、バスが到着したのは遠足に行った公園！　クラスみんなで経験した一つひとつの出来事が楽しい思い出としてそれぞれの心に残り、まただれかの表現に共感する中で、遊びや友達関係がさらに広がり、深まっていく様子がありました。

土の上に霜柱を発見。集めた氷を袋に入れてしばらく持っていると、「チョコレートみたいになっちゃった！」と子どもたち。

別の日には、広場の土のくぼみの中に氷を発見！　手に取ってみて「冷たすぎる！」「だんだん小さくなっていくね」。

年が明けて雪が降った日の外遊びでは、雪の冷たさを体感。雪を触りすぎると手が痛くなることも新しい発見だった。

季節の中で出会う　おもしろい！　やってみたい！

寒い冬には、寒い季節ならではの発見がたくさんあります。12月のある日の朝には、広場にある畑の土に、特別なものを見つけました。

「氷が入ってる！」

「何で、こんなところに氷があるんだろう？」

土の上に見つけた不思議な氷を興味津々で集めていきます。そのあとのクラスの集まりでも、この氷のことが話題になりました。

「氷があったよね！」「ぼくも見つけた！」「霜柱っていうんだよ」と、子どもたち。霜柱が寒い冬にできることを伝えると、「もう、冬ってことだね」と納得する人もいました。

翌日もわくわくしながら広場へ出かけると…。

「あれ、霜柱、ない！」「なんで？」

「全部取っちゃったからかな」

霜柱は見つかりませんでしたが、さまざまに考えを出し合っていました。

雪の重さや冷たさを感じて…

東京にたくさんの雪が降った日、玄関前に出てみると真っ白の地面に子どもたちは大喜び！

雪の塊を持ち上げてみると、その重さや冷たさに驚いて、保育者や友達と笑い合います。シャベルを持ち出して、雪かきを始める人もいました。雪がある環境ならではの遊びや発想が生まれていました。

見立てから始まる散歩ごっこ

「これ、わんちゃんみたい！」

1月のはじめ、伐採されたシュロの木片が犬の姿に似ていることに、ある子どもが気づきました。

なでてみたり、ちょうどあいている穴を口に見立ててえさをあげたり。さらに、目や耳をつけて、すっかり犬らしくなった木片には、"みおちゃん"という名前もつけられました。翌日には、「一緒に散歩に連れていきたいんだ！」とみおちゃんに首輪をつけ、散歩に行く準備をして出かけます。

ある日も犬のみおちゃんを連れて散歩へ。その様子を見て、憧れて自分の人形を作り始める人も出てきました。シロクマを作る人、ネコを作る人。何日もかけてやっと完成した自分の人形を連れて、一緒にいろいろなところを歩いています。この遊びは2月の中ごろまで続きました。

シュロの木片が犬の姿に似ていると気づいて、なでたり、えさをあげてみたり。

犬のみおちゃんと散歩する様子に憧れて、1週間くらいかけてシロクマを製作。やっと完成した自分の人形を連れてお散歩へ。

大好きな絵本の世界

クラスの集まりの時間に、保育者がウクレレや笛の音がする鍵盤楽器で音を奏でると、子どもたちは楽器の音色に耳を傾けながら、歌を歌ったり、マラカスや鈴など鳴らして、さまざまな音やリズムを楽しんでいました。

また、子どもたちの大好きな絵本『たまごのあかちゃん』（かんざわとしこ／文、やぎゅうげんいちろう／絵　福音館書店）の物語に合わせて、卵になり、動物の赤ちゃんに変身しました。楽器が奏でる音の合図で、卵の殻を破り、「ピヨピヨ」と言いながらヒヨコになりきる子、床の上で、体をくねくねさせてヘビになりきる子、反対に卵のままじっとしている子などさまざまで、それぞれが自分なりの表現の仕方で、絵本の世界や何かになりきることを楽しんでいました。

これが2月の表現遊びの会につながり、歌や楽器遊び、絵本の物語に合わせた表現遊びやコマ回しなど、子どもたちが大好きなことを集めて、保護者と一緒に楽しみました。

『たまごのあかちゃん』の歌と楽器の音に合わせて、子どもたちが卵になりきって楽しんだ。

コマ回しに挑戦！

クリスマスプレゼントに一人ひとつ、ひねりゴマをもらいました。「回せるようになりたいな！」と、試行錯誤しながらじっくりとかかわる子どもたち。5歳児クラスのお兄さんやお姉さんにコツを尋ね、真剣に耳を傾ける姿も見られます。ようやく回せるようになると、達成感からコマの楽しさをより一層感じ、うまく回った喜びを友達や保育者に生き生きと知らせていました。

そのうちコマに色をつけて回ったときの模様を楽しんだり、ソフトクリームのカップを回すことに挑戦してみたり。コマ遊びを通して、豊かなアイデアが次から次へと浮かんでいました。

表現する楽しさ

絵を描いたり、作ったりするのが大好きな子どもたち。大きな模造紙に、絵の具で雪を降らせたり、ちぎり紙で雪だるまを作りました。

冬から春へ・自然との語らい

寒空の中、もう葉っぱがついていないイチョウの木を見て、自分のことのように感じ、つぶやく子どもたち。自然とも心を通わせているのでしょうか。

広場に花が咲き始めたころ、そこにタンポポが咲いていたことを覚えていた子が、お花に水をあげよう！ とジョウロに水を入れて運びます。あいにくこの日は咲いていませんでしたが、葉っぱに水をあげて、ゆっくりと春が訪れるのを待っているようでした。

タンポポが咲くのを心待ちに水やりをする。

「寒そうだね」「お洋服着せてあげたいな」とイチョウの木を見てつぶやく子どもたち。

4歳児の姿と遊び

自分たちの場所、拠点を作って遊びたい子どもたちです。場の作り方はいろいろあります。積み木を組み立てたり、落ちている枝や布を組み合わせたり。自分たちの手で作り上げる喜びを味わいながら、イメージを広げて遊んでいます。

4歳児クラス

イメージを広げて「作る」を楽しむ

屋根を作りたい！
タープのひもを枝に巻きつけて、作りたかった屋根ができた！

家を作ろう！

1学期のころから、大学キャンパス内にある広場で楽しんできた「家作り」。この楽しみは、冬の間も続きました。

12月、「屋根を作りたい！」ということで、広場に常備しているタープを枝に張り始めました。「そっち持ってて」「これ、どこに結ぶ?」「こっちの枝に結ぶね」と、話し合いながらひもを枝に巻きつけ、低めの屋根ができました。屋根の下には人が集まってきて、大変にぎわって楽しそうです。思わず入りたくなります。この日はさらに高めの屋根にしたいということで、まずは自分たちで挑戦。「届かないよ」「じゃ、S先生呼んでこよう」「あ、Y先生でもいいや！」「ここにつけて！」と、保育者に希望をしっかり伝えます。高い位置に屋根ができて大満足の出来上がりになりました。

1月には、木の枝を使っての家作りが始まりました。鳥が卵を産むための「鳥スポット」など、新しいアイデアも飛び出して、それぞれに作ることを楽しんでいました。

屋根ができた！

タープのひもを枝に結びつけて屋根にした家は、とても居心地のいい空間。この日は保育者の手も借りて、さらに高い位置に屋根を作った！

木の枝を使っての家作り

久しぶりに行った広場にたくさんの枝があるのを見て、さっそく家作りが始まった。家作りが始まると、人もどんどん集まってくる。

鳥スポット

鳥小屋を作る人たちも。「この場所もいいけどさ、広場に持っていくのもいいよね」「そうだね」と相談しながら、置き場所を考える。

ネズミの家作り

グラウンドの片隅でネズミの家を作る人も。グラウンドのあちこちから集めた素材から、ひらめきを得てイメージを膨らませながら作る。

保育室では中型積み木で「作る」を楽しむ

5歳児クラスと同じ中型積み木が4歳児クラスにやってきました。子どもたちにとっては憧れの積み木です。

まずは積み上げ、そのうちに傾斜をつけて身近にあったカップを転がしてみるなど、さまざまな遊びを試してみる姿がありました。

積み木の積み方が、上ではなく横へと伸びるようになってきて、子どもたちの興味は「ものが転がる距離」へと移っていきました。そのおもしろさに興味を持った子どもが集まってきて、「これ、こうする?」「いいよ！　転がして！」と声をかけ合いながら、どうすれば長く転がり続けるのか、子どもたちの試行錯誤が続いていました。

また、別の日には積み木でおうち作りを始める子どもたちもいました。家ができると、ごっこ遊びへとつながっていきました。

場を作ることでイメージが広がり、楽しさが広がっていきます。

より長く転がるためにはどうするか。興味を持った子どもたちが集まって一緒に作り始める。「ちょっと待って！」「いいよ！　転がして！」「あ〜！　止まった！」

「おうち、作ろうよ！」と、始まった積み木の家作り。

遊びから生まれた作品たちを大切に飾ったり、紹介する

1年を通して、形を変えながらも子どもたちは作りたいものを熱心に作ってきました。子どもたちにとっては日常のごく自然な遊びから生まれたものたちですが、一つひとつが素敵な作品です。これらを大切に飾ったり、紹介する場が設けられていることも、子どもたちの「やりたい気持ち」につながっていくのではないかと思います。

冬ならではの出会い

ある寒い日の午前中に、中庭で霜柱を発見！「（踏むと）ザクッていうね」という声を聞いて同じように踏んでみた子からは、「割れない！」と驚きの声もあがります。集めた霜柱を袋に入れて眺めながら、「宝石みたいだね」と見せ合う姿もありました。寒さを忘れて土の中を探して観察して、寒い日ならではの出会いを楽しみました。

雪が降ったある日、近くの公園に行くと雪がたくさん積もっていました。大きな雪玉をふたつ作り、重ねようとしましたが、大きすぎて持ち上がりません。手足を使って雪を削って小さくし、友達も呼んで持ち上げました。３つ目は少し小さい雪玉を作って、その上に乗せると、「顔を描こう！」ということに。雪を削って描いてみると、いい顔ができたようです。

中庭には次の日も雪が残っていて、雪の塊を木の枝に差したり、雪を花びらと一緒に袋に入れてみたりしています。珍しい形の氷の塊を発見すると、そのあと氷屋さんが開かれていました。

雪玉を重ねて「顔を描こう！」と子どもたち。

地面を踏んで、霜柱の音を確かめる。土からのぞく霜柱を袋に集める様子も。

雪を袋に入れて手でつぶしたり、足で踏んでみると…。「きれいな薄い板みたいになった！」という発見も。

自分たちで布を切って作った衣装を身につけた書道ガールたち。その練習を見に、たくさんの人たちが集まってきた。

書道パフォーマンスをやってみたい！

クラスの集まりで、冬休み中に小学生の姉と一緒に書き初めをしたという話が出ました。「書き初めって何？」という質問に「黒しかないんだけど、それで紙に書くの！　絵じゃなくて、字を書くんだよ！」と説明。それならやってみたいということになりました。

数日後の散歩中、再び書き初めの話に。音楽をかけて踊りながら書く「書道パフォーマンス」をどこかで見た子がいて、保育者とその話をしていると関心が集まってきました。その後数人で書道パフォーマンスの動画を見て、「これがやりたい！」と盛り上がります。

まず書くのかな…と思っていると、「パフォーマンスで着るお着物を作りたい」とのこと。和柄のはぎれを組み合わせて思い思いの衣装を作り始め、4～5日ほどかけて出来上がりました。

さっそく衣装を着てパフォーマンスをしてみることに。いろいろな音楽を聴いてみて、「これはちょっと速すぎない？」「これがよさそう！」と決まったのは、YOASOBIの「群青」。音楽の盛り上がりにタイミングを合わせて踊ったり、書いたり、「こうやって登場しよう！」などと動いてみながら、どんどんアイデアを出していきます。

音楽を聴き、クラスのほかの人たちや年長の子どもたちもやってきて、一緒に歌ったり、リズムに合わせて手をたたいたり。まるでライブ会場のような一体感に！「これを見せたい！」と、表現遊びの会でも保護者に見てもらうことになりました。

本番のパフォーマンスも大好評！

描かれている２枚の海の絵の前で始まった海の生きものごっこ。

深海ショーをやろう！

水族館遠足に出かけたあとに描いた海の絵を飾ってある場所で、海の生きものごっこが始まりました。

子どもたちが描いた海の絵は、上に飾ってあるのが浅いサンゴのある海、下にあるのは深海。ということは、いま彼らがいるのは深海です。深海は静かな場所だそうで、「言葉はしゃべらないってことにしよう」と提案する人も！

魚の絵を描いて、おめんを作り、マグロになる人や、体の動きだけでシャコやウツボを表現する人もいます。

９月からショーごっこを楽しんでいた子どもたち。そんなふうに海の生きものになりきっているうちに、ショーをしたくなったようです。

「そうだ、深海ショーにしない？」

「いいね！　それなら順番を決めて出たほうがいいよ！」

だれかが提案すると、ショーのアイデアが次々と出てきました。なりきるおもしろさを味わっていると、そのうちにだれかに見せたくもなるようです。

遠足で出会った動物たちを作る

動物園遠足に行ってきた次の日、「リーリー（パンダの名前）、作りたいな」という声があがり、白い大きなポリ袋を使ってさっそく作り始めました。「もっと大きかったよね！」「すわって、笹食べてたよね」と、パンダの様子を思い出しながら作っていきます。それを見に来た人が、「トラもかっこよかったよね」「シロクマもよかったよ！」と、それぞれ思い出に残っている動物たちを、次々に作り始めました。

「もう少し太っちょだったから、中に空気を入れたいんだよ！」などとイメージを伝え合い、試行錯誤する姿もありました。

5歳児クラス

仲間と力を合わせて多彩に表現する

5歳児の姿と遊び

卒園を間近にして、子どもたちは思いを出し合い、力を合わせて夢中になって遊びます。ホテル作りは本物の家具が加わったことでワクワクが広がりました。アイデアを出し合い、豊かな遊びを創り出しています。毎日が輝いています。

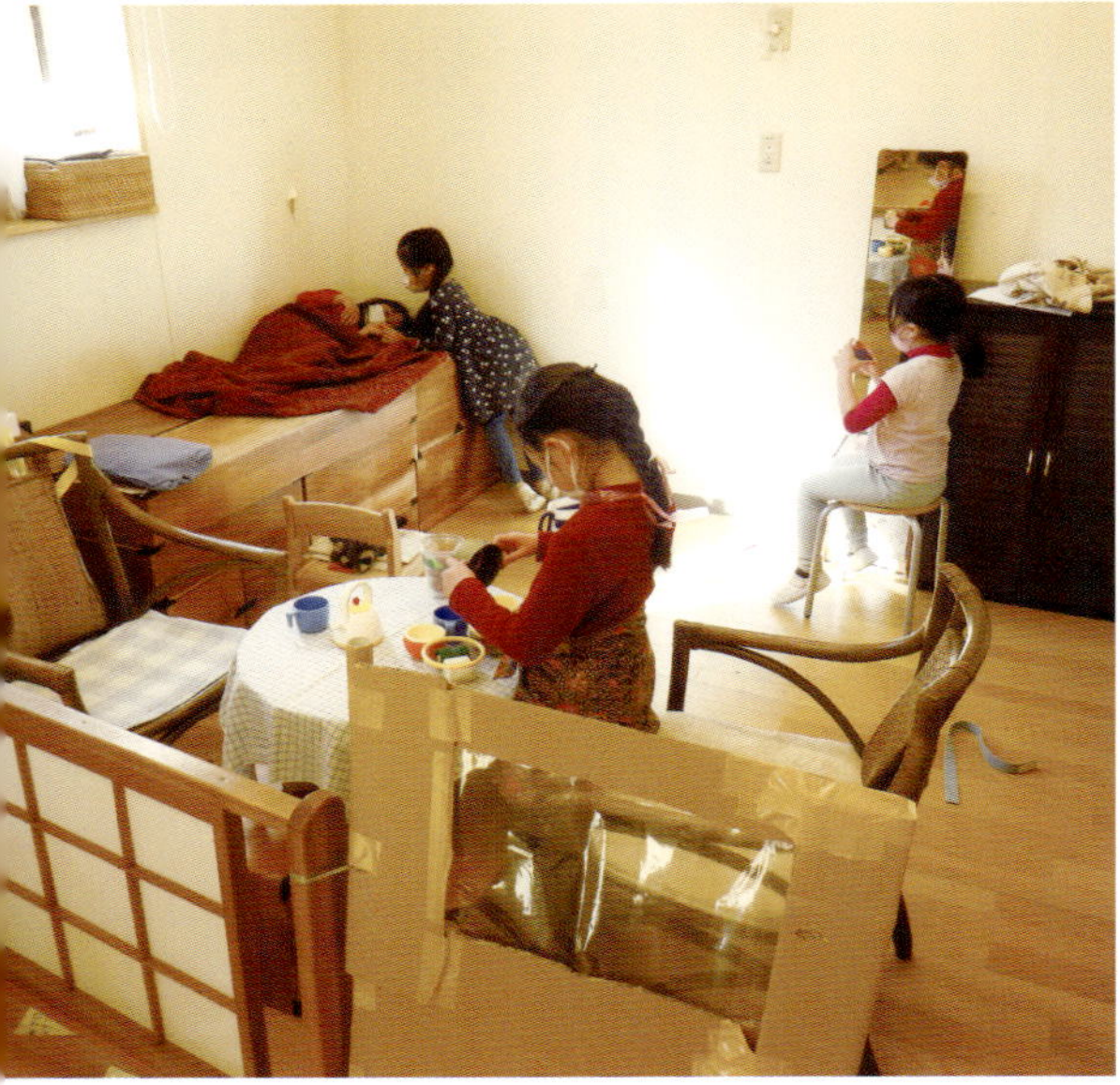

棚といすの配置をみんなで考えるうちに、「ホテルみたい！」という声が。クラスの名前をとって、この場所は“いちょうホテル”に。

素敵に整えられた“いちょうホテル”はこの日も大盛況。左奥にはベッドが配置され、ホテルマンが、「高級ベッドですがいいですか？」と聞く姿も！

”いちょうホテル“オープン！

2月のある日、不要になった棚といすが保育スペースに運び込まれました。素敵な家具を遊びに使えることになったのです。さっそくみんなでいちょう組の部屋を掃除して、どうやって置こうか相談しています。以前にもらったダンボールのテーブルなどと合わせてみるうちに、素敵な部屋が出来上がっていきます。

「なんだかホテルみたいだねー」という声があがり、”いちょうホテル“という名に決まりました。「テレビも欲しいよね」「ベッドは2個かな?」と、まだまだ夢は広がっていきます。

翌日もいちょうホテルは大繁盛！テーブルにはクロスを敷き、高級ベッドも完成しました。そこで使う枕も、保育者と一緒に作ります。

さらに翌日には、「ホテルに自販機がないから作ろうよ！」という声から、自動販売機作りが始まり、みんなで相談してよいアイデアが飛び出していました。友達と一緒に知恵を出し合えば、素晴らしい作品が出来上がります。

おひなさまを飾る・作る

ひなまつりが近づいてきた2月中旬、おひなさまを飾るスペースを作るために、絵本コーナーの絵本を引っ越すことにしました。みんなで力を合わせて、まずは絵本をジャンルごとに分けていきます。そのあと古い本を修理したり、ジャンル分けのシールがないものにシールを貼ったりと、みんなで相談しながら、絵本の整理をしました。

絵本の引っ越し後、そのスペースにいよいよおひなさまを飾ります。毎年、おひなさまの設置は5歳児の役目。これまで年上の人たちがやるのを見ていた子どもたちは、ようやく自分たちでできると、とても張り切っています。

ひな壇を組み立て、いよいよ人形を置いていきます。一つひとつ丁寧に紙を取っていくと…「うわぁきれいー…」と、思わず見とれる姿もありました。

その後、自分たちでもおひなさまを作りました。紙粘土で作ったおひなさまの体に、さまざまな柄の和紙を組み合わせて、着物を着せていきます。

紙に包まれ大切にしまわれていたおひなさまを、一つひとつ丁寧に出していく。

完成したおひなさまは、保育室に並べて飾りました。「うわー！　これすごいねー！」と友達のおひなさまの感想を言ったり、「わたしね、ここの髪を長くしたんだよ！」と自分の作ったおひなさまのことを友達に教えたりしながら、ひなまつりを楽しみに待つ子どもたちです。

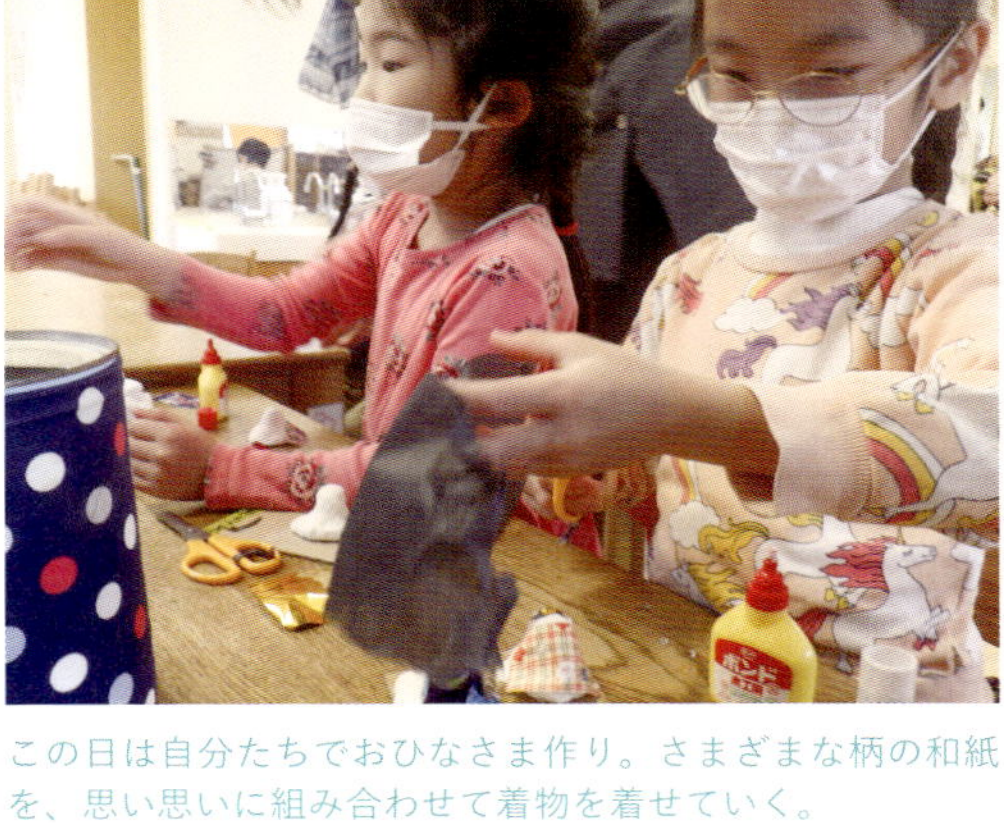

この日は自分たちでおひなさま作り。さまざまな柄の和紙を、思い思いに組み合わせて着物を着せていく。

みんなで飾ったおひなさまを、じっくりと見る子どもたち。「これ俺がやったんだよ！」「あれが3人官女なんだよね！」

「やりたい」が集まった表現遊びの会

毎年冬に行われる園行事、表現遊びの会。日常の中で子どもたちが楽しんでいること、興味を持っていること、熱中していることなどを、その名のとおり「表現」し、保護者の方々に披露する会です。

本番まで3週間ほどのある日の集まりで、まずは、自分はどんなことをやりたいか、ひとりずつ意見を出し合うところからスタートしました。そうして出揃ったところで、似ているもの、一緒にできそうなものなどを保育者がグループ分けしていき、最終的に「わくわく水族館チーム」「クリスマス音楽隊チーム」「忍者・武将チーム」の3つのチームができました。

チームごとに分かれると、子どもたちはそれぞれに、やりたいことのイメージを伝えたり、アイデアを出し合いながら、準備を進めていきます。保育者は、子どもたちの声にしっかりと耳を傾け、それぞれの意見を調整したり、一緒にアイデアを出し合いながら、その過程を支えていきました。

「わくわく水族館チーム」

水族館にいそうな生きものたちを作ってみることからスタート。作っていくうちに、「自分もシロイルカになりたい！」「飼育員さんになりたい」という声も出てきて、必要なパーツを自分に合うサイズで作ったり、自身の経験したことや知っていることを思い出しながら小道具を作ったり。「お客さんがえさやりできるようにしようよ！」など、自分たちなりのオリジナリティーが加わっていった。

海を描こう！

床いっぱいに海を表現することにした水族館チーム。全身で絵の具を感じながら製作を楽しんだ。それぞれの「やりたい！」を形にしていく力を思う存分発揮し、表現遊びの会ではストーリー仕立てで披露した。

「クリスマス音楽隊チーム」

「楽器演奏をしたい！」という人が集まったチーム。はじめは既存の楽器を演奏していたものの、「やっぱり自分たちで作ってみよう」ということに。空き箱や瓶など、さまざまな素材から生まれる音を確かめたり、素材同士を組み合わせたときの音の変化に耳を澄ませたり。みんなのお気に入りの音を集めて、CD の音源に合わせて自由に演奏した。

手作り楽器ができた！

「こんな音も鳴らせるよ！」。手作り楽器は鳴らすたびに新たな発見が！　演奏会の背景にするクリスマスツリーも完成。お客さんも一緒に楽しめるようにと、お客さんに配るためのマラカスも製作し、当日はお客さんとも一体となって、音楽を楽しんだ。

「忍者・武将チーム」

武将への熱い思いを持った人と、昨年から忍者になりきることを楽しんでいた人たちが集まったチーム。図鑑やインターネットなどを活用して道具を調べ、本物そっくりに作ろうと試行錯誤する姿があった。また、藁で作ったお手製の敵に鎌を巻きつけて捕らえる、という動きをくり返し練習していたメンバー。武将役の人は兜や旗なども本物そっくりに仕上げていて、みんなの集大成を、ストーリー仕立てで披露した。

「にんにん！」

会の前日、「にんにん！」とみんなで気持ちをひとつにしたり、ポーズを決めてみたり。メンバーだけではイメージするストーリー展開が難しそうだったため、4歳児クラスの保育者が忍者として仲間入りしてくれることに！

雪を集めよう大作戦

散歩に行くと、数日前に降った雪が残っていました。保育者が「かまくらって知ってる?」と尋ねると「知ってる!」「作ってみたい!」ということで、かまくら作りに取りかかることに。ですが、かまくらを作るためには近辺の雪だけでは足りず、ほうぼうから集めてくる必要がありました。そこで考えたチーム・いちょう組。雪を集めよう大作戦の開始です!

雪を集めて運ぶ人、運んできた雪をかまくらに重ねる人、かまくらの形を整える人、と役割分担し、自分の役割をせっせとこなしていきます。手がかじかんでくるため、手袋を持っている人が片方を友達に貸してあげたりして、共通の目的に向かって、みんなで考え、工夫し、協力しながら一緒に取り組んでいきます。

時間が足りずに目標の大きさには至りませんでしたが、ひとりずつ中に入ることができ、楽しみました。チームワークを発揮しながら頭と体をいっぱい使い満足げな様子で、5歳クラスの素敵な冬のひとコマを過ごすことができました。

声をかけ合いながらかまくら作り。雪を手で集めていると何往復もする必要があると気づき、近くにあったシャベルのほか、チリトリなどの掃除用具を活用し始めたりと工夫も見られた。

かまくら作りのあとも…

翌週に散歩に行くと、作ったかまくらの土台部分が、まだ残っていました。大きな塊となっていてびっくり! 「みんなにも見せてあげよう!」と力を合わせて運びます。「日が当たると溶けちゃうから、日陰を通ろう」「何でまだ溶けてないんだろう」「砂がかかってるからじゃない」「じゃあ、もっと砂をかけよう!」

おすしと
おみやげ屋さん

おまつりのコーナーのひとつ「おすしとおみやげ屋さん」では、おみやげにおまんじゅうも買える。お店の形が毎回変わり、モノレールが走ったり、動物がいたり、まわるおすし屋さんになることも！

連日続く「春まつり」でありがとうを伝えよう！

もうすぐ卒園、「お世話になった方たちにありがとうを伝えよう！」と、子どもたちといろいろ考え、いつも遊びに来てくれる大学生のお姉さんたちに「春まつり」に来てもらおう、ということになりました。どんなおまつりだと喜んでもらえるか考えた結果、楽器と踊りのショー、ペンギンの人形劇、おすしとおみやげ屋さん、コマとけん玉コーナーに分かれて楽しんでもらうことに。

３・４歳児の子たちにも来てもらい、おまつりは大盛況。お世話になったたくさんの人たちと一緒に楽しむ日が続きました。その後、調理の方や守衛さんにありがとうの思いを手紙に書き、届けに行きました。

おまつりの最後には、招待したお客さんに手作りのプレゼントも渡した。

楽器と踊りのショー

楽器の演奏や踊りで、お客さんも笑顔に！

ペンギンの人形劇

人形劇は、ペンギンのペンちゃんがみんなと遊んだり、おうちを探したりするお話。毎回お話が変わり、その場で役になりきって楽しんでいた。

異年齢のかかわり

育ち合う子どもたち

5歳児クラスのみんなとやりたかった「おにごっこ」。

いちょう組とやりたいこと

「いちょう組（5歳児クラス）はあと少しで卒園しちゃうらしい」。大好きないちょう組のみんなに会えなくなってしまうのが寂しいもみじ組（4歳児クラス）の子どもたちです。もっと一緒に遊びたい！ そんな思いから、「いちょう組とやりたいこと」をみんなの時間で出し合いました。日々楽しんできたこと、いままであまりやってこなかったけどやってみたかったことがたくさん出てきました。いちょう組の子どもたちと担任も、もみじ組の思いを快く受け入れてくれて、最後の1週間で一つひとつ、夢をかなえていきました。

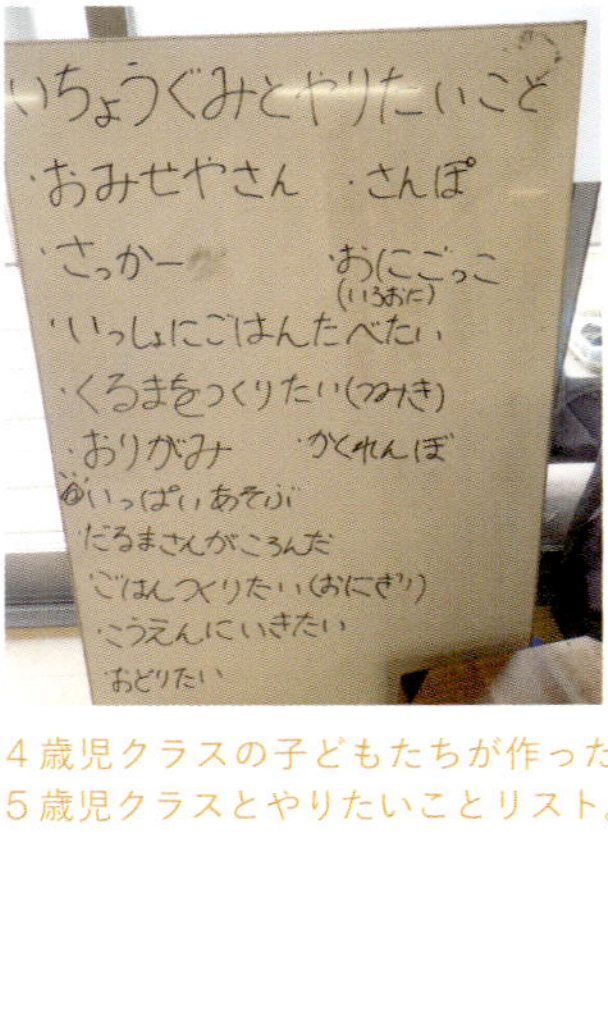

4歳児クラスの子どもたちが作った、5歳児クラスとやりたいことリスト。

自分たちも「ショータイム！」

ひとりだとドキドキだけど、友達と一緒なら最高に楽しい！

4・5歳児クラスのお兄さんお姉さんが保育室でショーを披露する姿を、幾度となく見てきた3歳児クラスの子どもたち。「今度は、自分たちがステージに立って、踊っているところを見てもらいたい！」と思うようになり、衣装を身につけ、ステージの前にいすをどんどん並べて、自分たちで準備を始めました。いすを並べていることに気づいた5歳児の人たち数人が、「手伝うよ！」と声をかけてくれ、いす並べを手伝ってくれました。

ステージの上に立った人たちは、「これから、かりん組（3歳児クラス）のショーを始めます」と、少し照れたように伝えたあと、これまでこども園で踊ってきた曲メドレーを、楽しそうに踊ります。踊っている間に、どんどん観客が増え、終盤になると客席にいたお姉さんたちや、少し離れたところにいたお兄さんたちも、一緒に踊っていました。3・4・5歳児クラスみんなが過ごすワンフロアの保育室に「楽しい！」が伝播していきました。

温かいまなざしで見守ってくれるお兄さんお姉さんの姿を見ていると、それぞれの学年が互いに尊重しあって生活しているんだな…と、改めて感じました。

コマ名人登場！

4歳児クラスや、困っている友達に教えてくれるコマ名人！

クリスマス会で3～5歳児クラスにプレゼントされたコマ。会のあと、各クラスでさっそくコマを回してみようとする姿が見られますが、3・4歳児クラスの人たちは、回し方をあまり知らないよう。そこで、「お手本を見せてあげる！」と5歳児クラスのコマ名人たちが参上！ その後も困っている人がいると気にかけ、「こうするといいよ」と教えてあげたり、コマ台を囲んで一緒に楽しむ姿がありました。困ったらお兄さんお姉さんが助けてくれる。温かいやさしさのバトンは、きっとつながっていきますね。

歩幅を合わせて

こども園で過ごす日も残り少なくなってきた5歳児クラス。新年度から2階フロア（3〜5歳児クラスの保育室）の一員となる、2歳児クラス（次期3歳児クラス）の子どもたちとのかかわりが増えてきました。2歳児クラスから「一緒にお散歩に行きたい」と声をかけてくれたり、散歩先で出会って一緒に遊んだり、2階フロアで一緒に過ごしたり。そんなとき、困っていることはないかと気にかけたり、目線を合わせ、歩幅を合わせ、温かいまなざしを向ける年長児の姿がありました。この園で過ごしてきた日々の中で蓄えてきた温かい思いと行動を、確かに「実現する」。そんな5歳児クラスの冬でした。

2歳児クラスの子どもたちと一緒にお散歩へ。頼られるとうれしいし、2歳児クラスのみんなも大好きなお兄さんお姉さんと一緒でうれしそう。

散歩先で、2歳児クラスの子どもたちと「おばけごっこ」を楽しむ5歳児クラスの子どもたち。

「ありがとうの会」

この日は、5歳児クラスのみんなと過ごせる最後の日。七輪を囲んでみんなで「ありがとうの会」をしました。こっそり作っていた写真立てを渡し、歌のプレゼントをした4歳児クラスの子どもたちです。

七輪では、おいもやマシュマロを焼いてみんなで楽しみました！

年長クラスと一緒に遊べる最後の日に、七輪を囲んで。

3・4・5歳児クラスの冬を振り返って

　春、夏、秋と、子どもたちの「やりたい」気持ちを大切にして日々を積み重ねてきました。そして冬、室内や園庭、広場で思い思いに遊ぶ子どもたちの姿をたくさん紹介しました。記録から子どもたちの声がたくさん聞こえてきます。

　霜柱が溶けかける様子を見て３歳児は「チョコレートみたいになっちゃった」とつぶやき、「何で、こんなところに氷があるんだろう？」と考え込んでいます（148 ページ）。同じ霜柱でも４歳児では「(踏むと）ザクっていうね」という発見をし、それを聞いてやってみた子が「割れない！」と驚く（155 ページ）。まさに探究する姿です。そして５歳児では、雪と出会い「かまくら」を作ろうと力を合わせて取り組み、数日たっても土台の部分が溶けずにいるのを見て「何でまだ溶けてないんだろう」「砂がかかっているからじゃない」と思考しています（162 ページ）。子どものつぶやきに注目しながら記録を読み込んでいただけたら、と願います。

　子どもたちが思いを出し合って進めていった「表現遊びの会」の記録もたくさん紹介しています。子どもの思いはどこにあるのか、実現したのは何か、そのために保育者は何をしたのか、環境はどうあったのか、考え合ってみましょう。

（宮里）

冬の広場で出会った霜柱。子どもたちの発見や探究心を大切にしたい。

西隆太朗先生（お茶の水女子大学教授）と保育を語り合う

子どもの姿に気づき合えると保育はもっとおもしろい！

人々を温かく迎え入れてくれるお茶大こども園の保育空間

宮里　西先生はいま、こども園に週1回来てくださっているんですよね。

西　いつも子どもたちに遊んでもらっています（笑）。お茶大には附属幼稚園、いずみナーサリー、そしてこども園があって、身近に保育に触れられるんです。この大学に来たころ、私の研究室が宮里先生のお隣だったので、うれしくなってご挨拶に伺ったら、さっそく「じゃあ、これからこども園に行く？」って言ってくださって（笑）。それからですね。

宮里　私、うれしそうだったでしょう？（笑）。新しい友達ができた！　みたいなワクワクした感じでお誘いしたんですよね。

西　宮里先生もこども園も、本当に何の垣根もなく迎え入れてくださったんです。お茶大のこども園全体にオープンな雰囲気が流れていて、その温かさに包まれて、子どもたちが育っているんだなと感じます。

宮里　きょうもいらしていたんですよね。何をしていたんですか？

西　先生が絵本を読み聞かせるのを、4歳児たちと一緒に聞いていました(笑)。中にはすぐに絵本の輪に入れない子もいますよね。でも、無理強いしなくてもそのうち入ってきて、自然と溶け込んでいる。

宮里　そうなんですよね。

西　先生も、「絶対入りなさい」というようなことは言わない。でも、放っておくわけではない。みんなに絵本を読みながらも、その子のこともちゃんと気にかけていて、それぞれの気持ちを受けとめながら、さりげなくみんなとつないでいる。お茶大こども園では、「絶対にみんなで何かをしましょう」とか「こうでないとダメ」みたいなことは、全然ないですよね。

宮里　「〜しましょう」みたいなことを言っちゃうと、もったいないなっていうのが、だんだんわかってきたんですよね。あそこで言わなかったから、あの姿が見られたねとか、それであんなことが起こったよねとか。子どものほうも、声をかけられたって「いまじゃない」と思うと動かないし。だから、だんだん必要がないなって思うことを言わなくなっているのかもしれないです。

西　そうですよね。この本の中でも、宮里先生が書かれていたことが心に残りました。子どもからいろいろな願いや要望が出てきたとき、「何でも手伝うよ！」という気持ちでそばにいるんだ、というところです（１４５ページ）。子どもを先取りするのとは違いますが、どんなことも協力を惜しまない、そういう思いがあることって大事だなと思ったんです。

「この人がいれば大丈夫」という安心感があると、子どもは自分自身でやり遂げたりもしますよね。こんなふうに、相手をすごく自然に受け容《い》れる、子どもと一緒に考えるっていうことを、いつもされているなと思います。

子どものそばにいると発見と感動は尽きない

宮里　最近すごくハッとしたことがあったんです。この本の中にも5歳児の発表会の事例を紹介していますけど、よく12月や1月ごろに発表会ってやりますよね。

西　はい、いろんなやり方がありますね。

宮里　クラス全体でひとつのことをやるのではなく、4つか5つのグループに分かれていろいろなことをして、今年は素敵なプラネタリウムやゲームなどをやったんです。その中のひとつ、人形劇グループの話です。

3人のグループなんだけれど、メンバーが休みがちだったんです。それで人形劇の背景があったほうがいいということになって、少ない人数ではなかなか大変。そうしたら、自分たちの準備を終えたほかのチームから、「それ描くよ」と言ってくれる人が出てきたんです。さらに、その人形劇には王子様を登場させたいんだけど王子様を描くのが苦手な子揃いだったんです、自他ともに認める（笑）。すると今度はプラネタリウムの子が、「私なら描けるよ！」と名乗り出てくれたんです。こんなふうにして、そのグループの人形劇が出来上がったんです。

発表会の当日はフロアの各所で発表をやっていて、おうちの方も来て自由に観るんですが、人形劇を観ていたお客さんが「その絵を描いたのはだれですか」と聞いたんです。まさか、ほかのグループの子が描いているとは思わずに質問したと思うんですけど。そしたら人形劇の子が「Uくんです」と言って、そのときお客さんで来てくれていたUくんを紹介しながら、「Uくんに拍手〜！」って。「王子様はだれが描いたんですか」「それはプラネタリウムのRちゃんです、プラネタリウムのほうに向かって拍手〜！」って言うんですよ！

西　へえ！

宮里　これは明るいＳ先生（担任）の影響だなって思うんですけど。

西　その明るい雰囲気が、目に浮かぶようですね（笑）。

宮里　そのやりとりを私は舞台の後ろで背景の手伝いをしながら聞いていて、「ああ！」って思ったんです。グループで何かひとつのことに取り組むというときに、その子たちがやり遂げることを目的にすると、ほかのグループの子が「手伝うよ」と言ってくれたとしても、私だったら「自分たちのところをやってきたら？」って言っちゃっていた可能性がある。それはあながちダメではないとは思うけれど、子どもたちの声を聞いたときに、「3人で取り組んだ人形劇だけど、じつはクラスのみんなが少しずつ心を寄せ、応援している。そしてそれをちゃんとオープンにしている！　それってすごいことだよね」って思ったんです。

　自分たちの力を発揮してひとつのことを成し遂げようとがんばるけれど、やり切れないことがあったら手伝ってよって言えるし、手伝ってもらったらそのことに感謝する。「支え合いましょう」と言わなくても、支え合いが自然にある。協働性とかいろんな言葉で言うけれど、子どもにとってそれは自然な行為なのかなと思ったんです。

西　むしろ子どもから教わることも多いですね。

宮里　保育者の側に教育的意識が強すぎると止めちゃうかもしれない。かつての自分だったら止めていたかもしれないっていうのをふと思いながら、「ああこれでいいんだ」って感じたんです。保育の中では、いまだに新しい気づきがある。「そうなのか！」って、叫びたくなることがね。

西　子どもの遊びって、ずっと固定したメンバーじゃないですよね。おもしろい遊びだったら、自然といろんな人が入ってくるし、だれかが泣いていたら、みんな一斉に集まってくる。「いま」必要なところ、楽しいとこ

西《にし》 隆《りゅう》太《た》朗《ろう》

お茶の水女子大学教授

保育における関係性の意義について、子どもたちとかかわりながら、保育学的・臨床心理学的研究を進めている。著書に『子どもと出会う保育学－思想と実践の融合をめざして』（ミネルヴァ書房）、『動画で学ぶ乳児保育ー0・1・2歳児の遊びと援助』（共著　ひとなる書房）、『0～5歳児保育の写真・動画から学ぶ 保育を見ること、語り合うこと』（共著　小学館）ほか。

ろに、やってくる。そこに人工的な垣根はないんですよね。

宮里　そう。だから、子どものことを信頼するっていうのが大事で、「信頼している」ってことが、子どもにすごく伝わっていると思うんです。

西　大人の本心を、子どもはよくわかっていますよね。

宮里　子どもの行動のほうが先にあるんだと思うんですよね。自発的な行動があって、「そういうのって素敵だね」とか「うれしいね」って声をかけるじゃないですか。そうするとその子の心が動いて、「ああ、いいことだったんだ」っていうふうにその子の中に残る。するとまた、そういうことをしようと思うようになっていく。純粋な思いで「あの人、困ってるから助けよう」というときに、「あの子たちは自分でやるから、あなたはやらなくていいのよ」って言ったら、多分違う心持ちになりますよね。

西　その子自身の思いが、大事な出発点なのにね。

宮里　でもね、しちゃうんです教育って！　だからもっと、その子ども自身の思いを受けとめて信頼していく。そうするとさらに力を発揮して、そういう行動が出てくる。ある意味でそういう信頼の中で出てきた子どもたちの姿を、このレポートは刻んでいたのかなという気もするんですよね。

保育を「語る」ことの楽しさ
保育を「読む」ことの楽しさ

西　この本の全体から、お茶大こども園がどんな場所なのか、それからその楽しい雰囲気が伝わってくるようです。私は読んでみて、こども園では特に、子どもたちの「発見」を大事にしているんだなと改めて感じました。子どもたちはいつも何かを発見しているし、新鮮な感動を分かち合ってくれます。0歳児から5歳児クラスまで、その春夏秋冬を通して、先生方が

日々子どもたちの発見を大事にして、心に留めてきた――その積み重ねが、この本なんですね。

宮里　3・4・5歳児クラスの担当者は普段からドキュメンテーションを作っているし、0・1・2歳児クラスの担当者はポートフォリオを作っているので、レポートになる前の記録が日々あるんです。それをまたレポートのためにまとめ直すときに、「見直す」という作業があるんですよ。それがすごく意味があると思うんですよね。「見直す」とか「見てもらう」とか。

西　こども園の園内研修にも参加させていただいたのですが、先生方は日々の記録から語り合うのを、とても楽しみにされていますね。先生方の個性や、何を大事にされているかが伝わってきて、和やかな中にも活気がありました。

宮里　はじめは何を出したらいいだろうという迷いはあったんです。でも、語ること、それを聞いてもらえること、一緒におもしろがってもらえることで元気がわいてくる感じがあって、そういう営みの中に、このレポートがあるんです。

西　保育する、振り返って記録する、写真も含めて語り合う、それからこの本のようにレポートにするというのが、ちょうどいいサイクルになっているんですね。

宮里　園内研修ではみんなが1~2枚ずつ写真を持ち寄るんだけれど、これが結構ツボだなと思うんです。子どもの姿にまなざしを向け始めると、「そんな子どもの姿に気づいたんだね」「目のつけどころがおもしろいね」っていう感じになって、それを先生たちの間で共有して。そこを見つけようとする意識とか動きとか、気づきとか、そして語り合うこととか。その一連の行為にすごく大事な意味があると思うんですよね。だからそこには、ちょっと抜けた事例だってあっていい。

西　子どもの日々の生活そのものが尊いものだから、それをあえて「盛ら」なくてもいいわけですね。

宮里　そうなんです。ものすごい絵を描くとか、ダイナミックなことをするっていうこともいいんだけど、ちょっと変わっていたり、「?」って感じになったり、そういう小さな発見を見逃さずに喜び合ったり、おもしろがるとか。そこに気づくことを大事にしていくと、子どものそばにいる居方が変わるなって。

西　楽しいこと、考えさせられること、発見は尽きないですね。

宮里　だから、このレポートを読んでくれる人にも、普通の暮らしなんだなって見てもらえたらいいなと思うんです。当たり前の保育の中の小さな子どもの姿だね、と。

西　子どもの自然な姿に触れてもらえるといいなと思います。子どもたちが0歳児のころから何を楽しんで、人とどんなやりとりをして、どんな発見をしているのか、そういうありのままの姿を知ることが、保育の出発点になりますよね。あるいは、汚れてもいいから泥遊びを一心にしている姿だとか、子どもの自由を尊重している保育者の姿に触れると、自分もまた自由になれる。

保育を「読む」とは、そのエピソードの書き手の眼を借りて、保育を「見る」ことでもあります。自分では見えなかった部分に気づかされたり、「この人はこう見たのか」という違いを発見したりして、それが自分自身の「保育を見る眼」にもつながっていくと思います。

宮里　多様であるって大事で、これがいいですとか、こうしましょうではなくて、でも「こういうときに、自分はそうしないな」っていうことと出合ったら、自分を否定する必要はまったくなくて、「それもありかも」っていうふうに「次やってみようかな」を増やしたらいいと思うんですよ。子どもも違うし状況も違うから展開は違うんだけれど、「へえ〜」って感じる部分があったらそれを心にとめておくと、意外なときに生きてくるんじゃないかなと思うんです。

西　この本では一冊を通して園全体が見渡せるし、多様な実践と考え方に触れることができます。でも、きっとこれだけでは尽くせない部分もあったんじゃないでしょうか。

宮里　そうなんです。ここには書ききれていないストーリーもいっぱい！

西　ひとつの場面にも、語り尽くせない出来事や思いがありますよね。たとえば、5歳児クラス・冬の「いちょうホテル」のレポートもそうです（158ページ）。家族で旅行したときの新鮮でうれしい体験がきっかけかもしれませんが、自分たちでホテルという、ごっこ遊びの舞台を作り上げたわけです。旅行で楽しかった体験を再現するかもしれないし、あるいは子どもたちだけでお泊まりする楽しさだとか、いろんな物語が展開したことでしょう。5歳児の冬の時期ですから、卒業旅行のようなイメージもあったかもしれない。ごっこ遊びの展開の中には、いまの子どもたちの大事な思いが込められています。読者の方々には、ここには収めきれないほどの保育の広がりや奥行きも想像しながら、この本を楽しんでいただけたらと思います。

宮里　そうですね。そして一緒に語り合えたらうれしいですね。

おわりに

子どもも大人もワクワクする保育へ！

文／宮里暁美

文京区立お茶の水女子大学こども園（東京都）は、文京区とお茶の水女子大学が協力して誕生した園です。２０１６年４月に開園し、成澤廣修文京区長はじめ、文京区の方々と大学の長年にわたる支援のもと、２０２５年４月、開園10年目を迎えることができました。

元気な子どもたちや保護者や地域の方々、大学の研究者、学生など、たくさんの方々と出会い、ともに歩んできた日々は、多くの学びに包まれています。自然豊かなキャンパス全体を園環境として活用できる日々の中で、ワクワクする経験を積み重ねています。このたびその軌跡の一端を本書にまとめることができました。心から感謝申し上げます。

私は開園から5年間園長として園運営に携わり、現在も、運営アドバイザーとして子どもたちや先生たちのそばにいられる幸運に恵まれています。園内には子どもたちや先生たちの元気な声が響いています。給食のおいしいにおいが漂っています。一日として同じ日はなく、笑ったり泣いたりしながら自分らしく過ごす生活があります。子どもたちと先生たちが紡ぐ日々については実践レポートで紹介しましたが、最後に、子どもたちのそばにいる「ものたち」に光を当ててみたいと思います。

積み木たちが会議をしているよ！

2階の絵本コーナーにある丸いテーブルの上に、小さな積み木が集まっていました。一度通り過ぎたけれど、何かが心に引っかかって引き返しました。この右の写真、

何か感じませんか？　丸いテーブルの縁に沿って並んでいる積み木は、まるで人間かロボットのように見えませんか？　しかも、それぞれにちょうどいい間隔をあけているのです。真ん中にはずっしりとした人が立っています。この人がリーダーなのでしょうか。だとしたら、ここでは何が行われているの?? 謎は謎を呼びます。だれが作ったのかもわからない小さな積み木の作品を前にして、「何か感じさせられる！」と、心で叫びながら写真を撮る私でした。

子どもが遊んだあとを見ながら、そこで何が行われたのかを想像することは、とても楽しいことです。

ずっしり重い
Uくんのコマ

ずっしりと重く感じるコマがありました。コマ回しが大好きなUくんのコマ（下の写真）です。何度も回して、何度も色を塗り重ねて、その歴史の分だけ重みが増しているように感じます。手に取ってみると、しっとりとした質感があります。そのしっとり感からは、何度もひもを巻いては回し、またひもを巻くということをくり返したUくんの手の汗や思いが感じられます。

3歳児はひねりゴマ、4歳児は糸引きゴマ、5歳児になると投げゴマに挑戦します。投げゴマを回すということは、5歳児にとってシンボルのようなもの。

そこにUくんがいなくても、このずっしりと重く感じさせられるコマから、Uくんの顔が見えてきます。夢中になって遊ぶ日々の記憶が「もの」から立ち上がってくるのではないでしょうか。

実践レポートの中にもたくさんのものたちが登場しています。子どもたちとものたちの対話の中に、遊びがあります。ときには「もの」に焦点を当ててみることで、新しい発見が得られるかもしれません。

子どもも大人もワクワクする保育が広がっていきますように！

子どもたちと、大人たち、みんなの笑顔が広がっていきますように！

監修／宮里暁美

お茶の水女子大学お茶大アカデミック・プロダクション特任教授。国公立幼稚園教諭、お茶の水女子大学附属幼稚園副園長を経て、2016年より2021年3月まで文京区立お茶の水女子大学こども園初代園長を務める。2021年4月より現職。文京区立お茶の水女子大学こども園運営アドバイザーを兼務。保育者向け研修会講師のほか、子育て応援など雑誌やテレビでも活躍。『子どもの「やりたい！」が発揮される保育環境』(Gakken)、『耳をすまして目をこらす』（赤ちゃんとママ社）をはじめ、著・監修書は多数。

レポート／文京区立お茶の水女子大学こども園職員

伊藤幸子、伊藤ほのか、内野公恵、大賀美鈴、笠原彩子、賀藤 晶、川田雄也、國田ゆり、栗原結海、髙坂悦子、瀬川千津子、田中志希子、樋口陽子、福地絢香、古谷萌夏、前野穂乃実、松尾杏菜、松田千嘉子、松本自子、山口春花、山下智子（五十音順）

写真提供／文京区立お茶の水女子大学こども園
デザイン／上條美来、小池佳代、若月恭子
協力（スペシャルサンクス）／西 隆太朗（お茶の水女子大学教授）
撮影／藤田修平（P.8、P.163 ～ 173）
編集／木村里恵子、阿部忠彦（小学館）
校正／松井正宏

本書は『新 幼児と保育』（2022年春号～秋号、2023年冬号～秋号、2024年冬号～秋号、2025年冬号）、『0・1・2歳児の保育』（2022春～秋冬、2023春～秋冬、2023春～秋冬）に掲載した記事に加筆し、再構成したものです。
※掲載した写真は、一部加工したものがあります。

新 幼児と保育 BOOK

お茶の水女子大学こども園の春・夏・秋・冬

子どもも大人もワクワクする保育の提案

2025年4月21日　初版第1刷発行

発行人　北川吉隆
発行所　株式会社 小学館
〒101-8001 東京都千代田区一ツ橋2-3-1
編　集　03-3230-5686
販　売　03-5281-3555
印刷所　TOPPANクロレ株式会社
製本所　株式会社若林製本工場

ISBN978-4-09-840248-9